校企合作培训认证著作系列丛书

长安 CX70 维修技师培训教程

主　编　陈世江　蔺朝莉
副主编　甘守武　魏凡杰　邓廷波

重庆大学出版社

内容提要

本书从课程理实一体化、工作任务化的教学理念出发，以长安 CX70 为例进行编写。在编写时，以长安 CX70 汽车各模块中的一个知识点为例，采用填空的形式引导学员完成相应模块的检查和诊断，从而引导读者举一反三地掌握发动机管理系统、底盘电控系统、车身电器系统、CAN-BUS 系统等的基本结构、工作原理及故障诊断方法。本书以提高汽车各大系统故障诊断分析(检修)能力为主线，以简单的部件认识→原理、电路分析→部件性能检测→复杂的故障诊断为教学实施流程，并在其中贯穿了汽车各大系统的结构组成、工作原理、控制分析等电控与网络知识。本书章节编排合理、资料新颖、数据实用、内容系统连贯、图文并茂、以填空题的方式引导读者掌握故障诊断方法，简单易懂、具有较强的实用性。

本书可供汽车 4S 服务站、3S 服务站以及各类二级经销商和加盟店的技术总监、售后服务人员等使用，也可作为高等院校有关专业师生的教学参考书。

图书在版编目(CIP)数据

长安 CX70 维修技师培训教程 / 陈世江，蔺朝莉主编
.-- 重庆 ：重庆大学出版社，2019.3
国家示范性高等职业院校工学结合规划教材
ISBN 978-7-5689-1174-0

Ⅰ.①长… Ⅱ.①陈… ②蔺… Ⅲ.①汽车—车辆修理—高等职业教育—教材 Ⅳ.①U472.4

中国版本图书馆 CIP 数据核字(2018)第 140825 号

长安 CX70 维修技师培训教程

主　编　陈世江　蔺朝莉
副主编　甘守武　魏凡杰　邓廷波
策划编辑：周　立
责任编辑：姜　凤　　版式设计：周　立
责任校对：关德强　　责任印制：张　策
*
重庆大学出版社出版发行
出版人：易树平
社址：重庆市沙坪坝区大学城西路 21 号
邮编：401331
电话：(023) 88617190　88617185(中小学)
传真：(023) 88617186　88617166
网址：http://www.cqup.com.cn
邮箱：fxk@cqup.com.cn (营销中心)
全国新华书店经销
重庆华林天美印务有限公司印刷
*
开本：787mm×1092mm　1/16　印张：9.5　字数：204 千
2019 年 3 月第 1 版　　2019 年 3 月第 1 次印刷
印数：1—1 000
ISBN 978-7-5689-1174-0　定价：35.00 元

本书如有印刷、装订等质量问题，本社负责调换
版权所有，请勿擅自翻印和用本书
制作各类出版物及配套用书，违者必究

前　言

汽车电气化、智能化的发展，为广大车主带来舒适、便利的同时，也给汽车维修从业人员与职业培训人员提出了新课题、新挑战。汽车维修专业书籍琳琅满目，大多涉及各种车型技术理论知识，读者缺乏相应的实训条件，往往出现教材上的技术理论知识得不到实践的现象。本书是作者在多年从事长安欧尚星级维修技师培训教学和大量社会调研的基础上，充分考虑了维修一线从业人员的需求，紧密结合汽车新知识、新技术，以理实一体化的教学方法组织编写的，有较强的针对性和适用性。

在习近平新时代中国特色社会主义思想指导下，落实“新工科”建设要求，本书采用“项目引领、任务驱动”的模式编写，以长安欧尚 CX70 为例，以掌握该车型新技术为任务驱动，设计了理实一体化的学习任务，让读者在使用教材的过程中实现“学中练”“练中学”，从而体现以读者为主体、教材为引导的自学理念。不管是内容选择，还是形式安排，都体现了我们编写的基本原则，即准确、实用和方便。在内容上，严格遵循原厂电路，原汁原味，且以汽车电控电路为主，机械结构知识为辅，突出对汽车电控系统的了解与掌握。在形式上，技能训练部分以汽车各模块中的一个知识点为例，采用填空的形式引导学员完成相应模块的检查和诊断，以达到举一反三的效果。

全书共分为五大模块：模块一为整车介绍，主要介绍 CX70 整车及各总成技术参数、新技术和车型亮点，同时介绍一些功能使用方法及注意事项，方便技术服务人员快速熟悉该车并了解其性能特色。模块二为 CAN-BUS 系统，主要介绍 CX70 CAN-BUS 系统的内容，从 CAN-BUS 系统的结构组成、功能以及基本原理入手，对 CAN-BUS 系统基本检测方法和故障原因进行了详细的阐述，并对测量结果进行分析和说明，为学员深入学习 CAN-BUS 系统知识以及实践该系统的故障诊断提供了基础。模块三为车身电器系统，主要介绍了电动车窗系统、电动后视镜系统、照明系统、雨刮系统、仪表及娱乐系统、安全气囊系统、中控及防盗系统以及空调系统 8 个车身电器系统的组成部件结构及各部分零件的检测方法，结合各个系统的电路图分析了各系统的工作原理，并结合各系统的基本构造和工作原理介绍了相应的检测和维修方法。模块四为发动机管理系统，主要介绍了 ME1788 发动机电控系统的控制逻辑及进气系统、排放系统、点火系统的工作原理、结构组成及主要部件的检测诊断方法，并重点分析了 ME1788 系统常见故障代码。同时介绍了 CX70 所搭载的 4G18 发动机机械系统的拆装规范、检修方法和要求等。模块五为底盘电控系统，主要介绍了底盘电控系统的 EPS 系统、ESP 系统和手动变速器的结构组成、工作原理及主要部件的检测诊断方法，并阐述了 CX70 所搭载的 MR515B03 变速器的动力传动路线、常见故障诊断和处理方法。

本书模块一由重庆电子工程职业学院王勇，重庆长安汽车国际销售服务有限公司王金凤合编；模块二由重庆电子工程职业学院李穗平、甘守武，重庆长安汽车国际销售服务有限公司邓廷波合编；模块三由重庆电子工程职业学院陈世江、姚晶晶、丁伟合编；模块四由重庆电子工程职业学院魏凡杰、王勇，重庆市酉阳职业教育中心向传鱼合编；模块五由重庆电子工程职业学院蔺朝莉、陈世江，重庆市立信职业教育中心梁超合编。全书由陈世江、蔺朝莉负责统稿。

本书的顺利出版还得到了“校企合作培训认证著作系列丛书”编写委员会全体成员的大力支持，汇聚了全体成员的专业知识和宝贵意见，在此深表感谢。

本书的出版得到了中国高等教育学会职业技术分会 2016 年课题资助项目（编号 GZYZD2016015）和重庆市教育科学“十三五”规划 2016 年规划课题（编号 2016-GX-168）的资助。笔者在编写本书的过程中，花费了大量时间，耗费了很多精力，可以说书中的每个数据和每幅图片都凝结着笔者的心血。

在编写本书时笔者对内容进行了仔细检查，但由于水平有限，书中不当或错误之处在所难免，敬请广大读者批评指正。

编　者

2018 年 1 月

目　录

模块一　整车介绍

【模块说明】

本模块主要介绍 CX70 整车及各总成技术参数、新技术和车型亮点，同时介绍一些功能使用方法及注意事项，方便技术服务人员快速熟悉该车并了解其性能特点。

◆知识标准

- 了解 CX70 的整车参数。
- 了解 CX70 的技术亮点。
- 了解 CX70 的发动机、变速器、车身等部件的特点。

◆主要内容

- CX70 产品介绍。
- CX70 车型亮点。
- 动力传动系统介绍。
- 车身、电器系统特点介绍。

任务一　CX70 整车介绍

［目标］

➢ 了解 CX70 的整车参数。
➢ 了解 CX70 的技术亮点。
➢ 了解 CX70 的发动机、变速器、车身等部件的特点。

［资源］

➢ 设备：CX70 整车。
➢ 资料：CX70 配套电路图、维修手册。

一、CX70 产品介绍

CX70 是重庆长安汽车股份有限公司研发的一款具有完全自主知识产权的多功能车。该车整体表现结实硬朗，有一定的越野风格、造型时尚、设计独特、性价比高。在发动机性能、变速箱构造、百公里油耗、排放、行驶安全性、舒适性等方面都具有同类车型无可比拟的优点。

1.车型参数

CX70 采用大尺寸 SUV 车身，长轴距，“2+3+2”剧院式 7 座，190 mm 离地间隙，装配 215/60R17 车轮，接近角 23.5°、离去角 25°，空间灵活多变、适应多种需求，如图 1.1 所示。

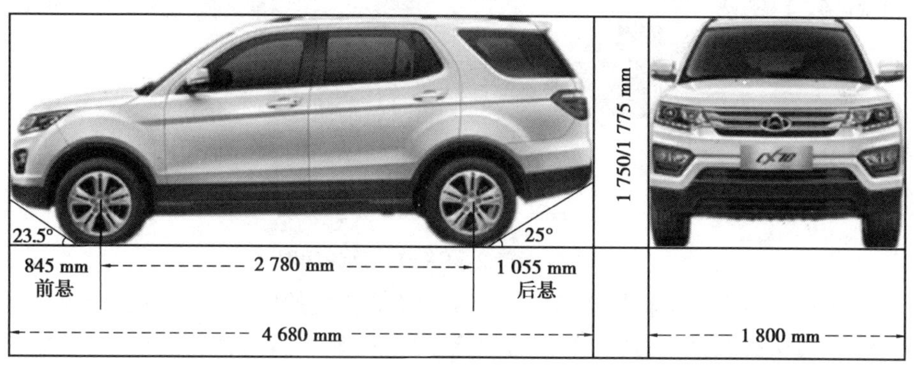

图 1.1　CX70 车型参数

2.车型特征

①内饰：8 寸中控台高清触摸 TFT 显示屏同时满足了商用与家用的需求，营造了良好的乘坐体验。TCS 牵引力控制系统匹配智能可视化六点泊车雷达右后视镜映像，用科技与智能掌控未知的变数。

②空间：2 780 mm 的轴距及超大的外形尺寸营造了充裕的乘坐空间，其前后排的头部、肩部、肘部和腿部空间均达到比较优秀的水平，为驾乘者提供宽敞自如的驾乘体验。车内空间设计也极其灵活，多达 32 处的储物空间计长安 CX70 能够在商用与家用之间找到完美的平衡点。

③动力：经历了长达 300 万 km 严格道路检验，拥有强大的通过性，能轻松地穿越崎岖的地形地貌。该采用 5 速手动变速器，技术成熟可靠，挡位清晰，换挡平顺准确，能够带给驾驶者卓越用车体验和驾驶乐趣。

④智能配置：除了配备的 11 寸超大多点触控屏，集成了三区合一的车辆信息显示、空调调节区、音响控制区等功能的智能中控台外，也具备了前后倒车雷达、电动天窗、后视镜电动折叠以及高达 10 项主动安全配置等功能。

二、CX70 车型亮点

1.造型硬朗

①车身硬朗、气派，呈“硬汉”风格。简洁、饱满的大块面，凸显整车造型大气，

结实硬朗;粗犷而不显呆板的整体式大包围设计,时尚硬朗之气展现十足;内饰偏重于简洁、时尚风格,同时体现出硬朗的感觉,与外饰遥相呼应。

②兼顾越野与 SUV 的力量感和持久性。前后大灯和后视镜都追求横向延展态势,符合整车越野的气质。整体造型风格洒脱利落,造型元素着重体现张力感和拉伸感,如图 1.2 所示。

图 1.2　CX70 造型说明图

③车身整体重心呈梯形态势下压,给人稳重扎实的感觉。前高后低的设计风格与行李架相互融合,刻画了车身的动感活力,凸显丰满的大包围设计,增加了整车的强劲形象。

④精致工艺达到长安 CS35 水平,内饰造型较 CS75 精致细腻,融入硬朗、多元分块配合元素,保留舒适、适用,增加超大储物空间,外观时尚、圆润,全面诠释了 SUV 大气居家的特性。

2.空间灵动

①超大空间:第一排座椅靠背至背门的空间为 2.8 m^3,完胜同级别的 MPV,用户可畅快体验 SUV 空间的装载能力,如图 1.3 所示。

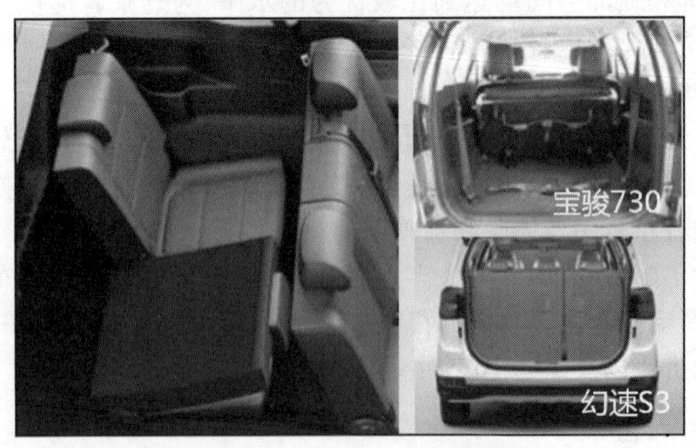

图 1.3　CX70 内部空间对比图

②CX70 内部多达 32 处的储物空间,遍布用户随手可及的位置,让 CX70 能够在商用与家用之间找到完美的平衡点。

③座椅灵活组合,7 座超大内部空间、中后排座椅自由组合。

3.驾乘舒适

①优良的 NVH 性能:怠速噪声优异,优良的整车静音效果,转向支承与车身结构优化,带来舒适的整车振动体验。

②更加顺畅的换挡性能:选用轿车最新造型换挡手柄,彰显轿车档次,手感更舒适,换挡更随心。

③良好的乘坐舒适性。

④强大的通过性:通过性良好,适应各种路面,较同级车有更强大的通过性。

⑤SUV 底盘调校:A 型臂麦弗逊前独立悬架+圈梁式副车架结构,操控更精准,强度更高更稳定。

三、动力系统 4G18M2 发动机介绍

CX70 采用 4G18M2-TA8 发动机,该发动机是日本三菱公司以 4G15M2 发动机为基础机型升级开发的 1.6L 自然吸气发动机,DAE 为扩展公司产品体系,加以引进吸收。为适应中国汽车市场,DAE 在三菱原型机的基础上,优化了发动机的动力性能,特别是低速扭矩大幅度提升,在较低转速即可达到最大扭矩。4G18M2 发动机示意图如图 1.4 所示。

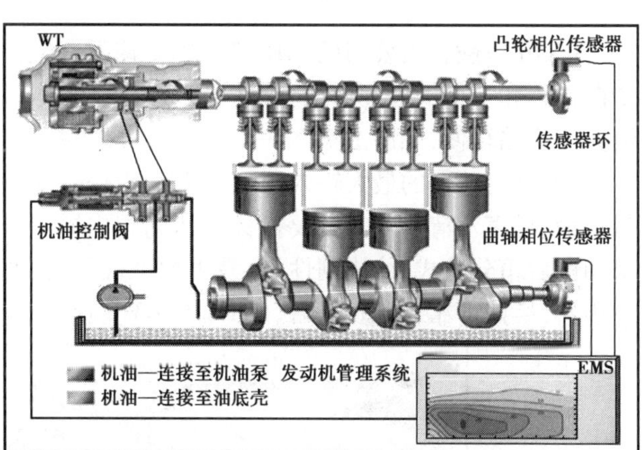

图 1.4 4G18M2 发动机示意图

1.发动机参数

4G18M2-TA8 发动机参数见表 1.1,该发动机动力强劲,性能优良。

课堂笔记

表 1.1　4G18M2-TA8 发动机参数

型号	4G18M2-TA8	缸径×冲程	ϕ76×87.3(mm)
形式	直列四缸、DOHC、16 气门、IVVT 系统、电子节气门、适配 OBD	压缩比	10.5∶1
布置	前置、纵向布置	额定功率(kW)/转速(r/min)	86 kW/6 000 r/min
排量	1.584 L	最大扭矩/转速	150 N · m/4 500 r/min

2.先进技术

①电子节气门技术。油门调节趋于理想化,实现精细控制,可使发动机全范围发挥最佳动力输出。

②低摩擦技术。采用低张力活塞环等减摩技术,降低摩擦损失,提高燃油经济性。

③可变气门正时技术。增加充气效率,提高中低速扭矩,低油耗,低排放。

④采用 SN5W-30 润滑油,低黏度配方,进一步提升燃油经济性。

四、MR515B03 变速器介绍

CX70 搭载青山公司的 MR515B03 变速器,该变速器为手动五挡变速器,有 5 个前进挡和 1 个倒挡,所有的前进齿轮为常啮合式,而倒挡齿轮则为滑动惰轮齿轮装置。换挡轻便,无冲击噪声。

CX70 变速器的最大输入扭矩为 145 N · m,变速器传动效率、同步器寿命、疲劳寿命、噪声及清洁度等重要指标均达到国内同等产品的先进水平。变速器壳体采用前后箱分箱式,结构刚性好,易于加工,拆装方便;结构紧凑合理,采用了惯性同步器,换挡可靠、平稳、灵活。MR515B03 变速器结构示意图如图 1.5 所示。

图 1.5　MR515B03 变速器结构示意图

课堂笔记

五、车身特点介绍

1.全车总览

CX70 车身总览如图 1.6 所示。

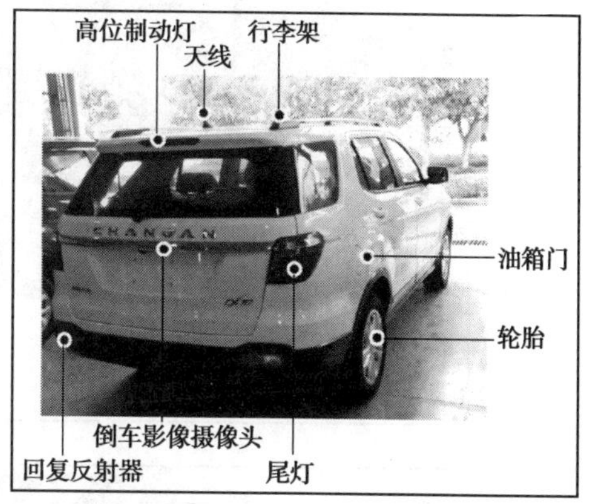

图 1.6　CX70 车身总览示意图

2.车门

CX70 为标准五门车型，与轿车结构基本一致。前罩、前门锁、中门锁、背门锁都是传统的插销撞针式设计。前门锁、中门锁、背门锁通常由与外部门把手相连的操纵杆系统和门锁遥控系统操纵，同时前门锁扣与门锁锁芯相连。门锁遥控装置仅由 1 根控制杆从内部控制关锁、开锁和开门。前罩锁由控制线和开锁手柄来控制，如图 1.7 所示。

图 1.7　CX70 车门示意图及注意事项

3.仪表板介绍

CX70 的仪表板、副仪表板如图 1.8 所示。

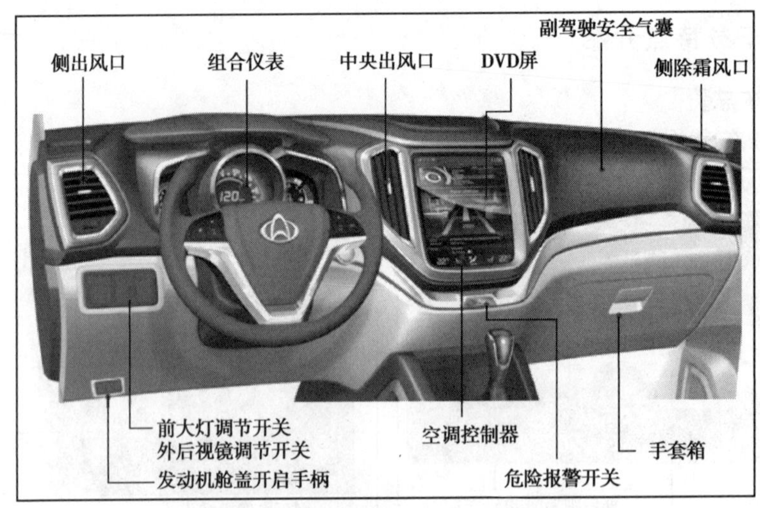

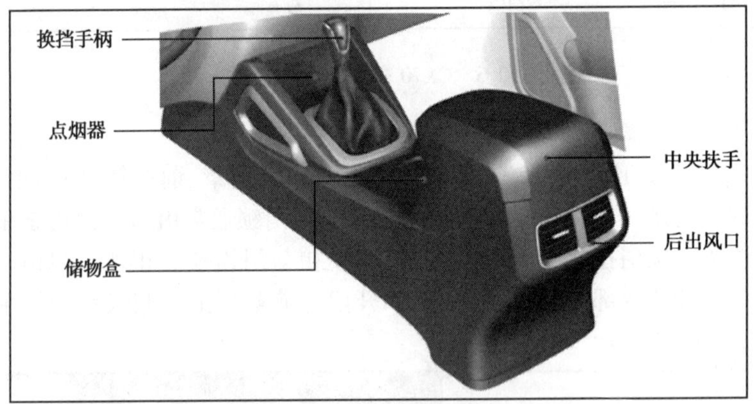

图 1.8　CX70 仪表板、副仪表板示意图

4.背门

CX70 背门具有紧急解锁功能，当背门解锁开关无法使用时，可在车内打开背门。将后排座椅放倒，在背门内板上找到盖板并将其取下(图 1.9)。在背板预留孔后找到背门锁体上的按钮，用平口起子逆时针旋转该旋钮，旋转到极限时上推背门可实现紧急解锁。

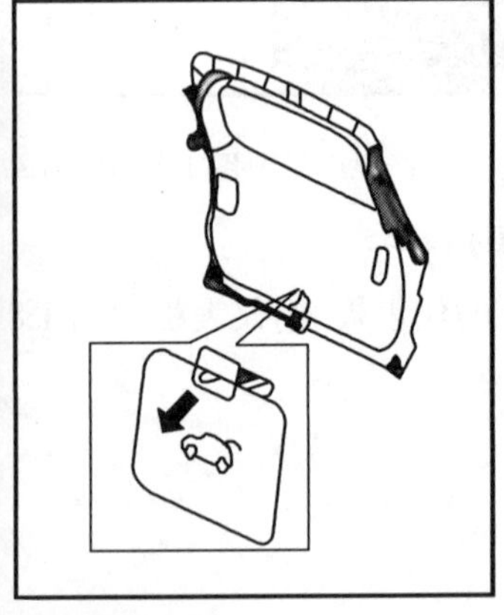

图 1.9　CX70 背门紧急解锁盖板位置图

六、电器板块

1.车身控制功能介绍

(1)提示功能

①门开提示:电源处于 ON 挡,任意门打开,蜂鸣器鸣叫两声。

②学习钥匙成功提示:每学习成功一把钥匙蜂鸣器鸣叫 1 声。

③退出防盗提示:整车处于 OFF 挡,若防盗被激活过,遥控解锁时,系统退出防盗状态,转向灯快速闪烁 4 次,蜂鸣器鸣叫 4 声。

④灯未关提示:钥匙拔出,但灯光开关处于未关状态,打开主驾门,蜂鸣器鸣叫,直到门关好或灯关好为止。

⑤钥匙未拔提示:钥匙在 ACC 挡或 LOCK 挡,打开主驾门,蜂鸣器鸣叫 6 声提示。

⑥跟随回家提示:电源处于 OFF 挡,跟随回家开启,蜂鸣器鸣叫 1 声。

(2)报警功能

①背门未关闭锁报警:整车电源处于 OFF 挡,背门未关(四门关好),遥控闭锁,前面四门执行闭锁动作,同时转向灯快闪 4 次。

②门未关闭报警:电源处于 OFF 挡,任意车门打开(不包括背门),遥控闭锁,车门先闭锁后解锁,转向灯闪烁 4 次;电源挡位处于任意挡,有门未关好(后背门除外),按压中控闭锁,先解锁后闭锁。

(3)寻车功能

2 s 内按压同一把遥控钥匙闭锁键 2 次,启动 25 s 转向灯闪烁提示。

(4)跟随回家功能

整车电源处于 OFF 挡,钥匙拔出,2 s 内依次切换灯光开关 OFF、轮廓灯、近光灯、轮廓灯、OFF,则开启跟随回家功能,延时 1 min 熄灭,若有门开启则延时 3 min。

(5)日间行车灯(豪华型、尊贵型)

①电源处于 ON 挡或 ST 挡。

②位置灯处于熄火状态。

以上两种情况都满足时,日间行车灯点亮。任一情况不满足时,日间行车灯熄灭。

2.天窗系统

CX70 是长安欧尚第一款采用电动天窗的 SUV 车型。天窗系统由天窗开关、天窗控制模块、带传感器的天窗电机、天窗骨架总成组成。它具有防夹和过热保护功能,天窗位置如图 1.10 所示。

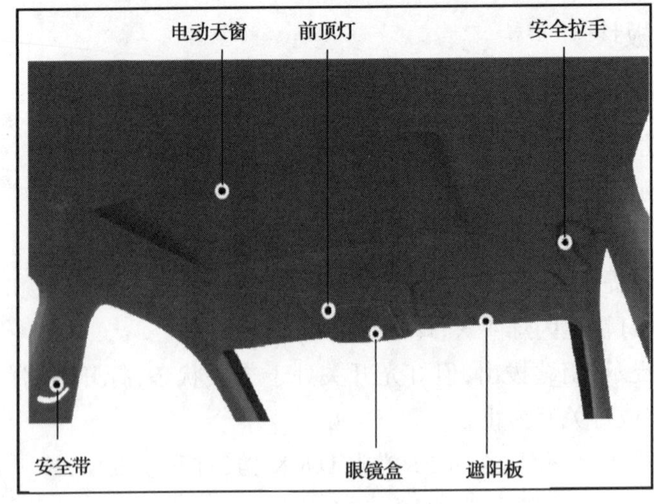

图 1.10　CX70 天窗位置图

七、技能训练

1.驾乘体验

请对 CX70 进行驾乘体验，并记录感受。

2.操作仪表

请对 CX70 仪表、背门紧急解锁进行操作，并记录步骤。

3.操作电器系统

请对 CX70 天窗、遥控、跟随回家等功能进行操作，并记录步骤。

模块二　CAN-BUS 系统

【模块说明】

本模块主要介绍 CX70 CAN-BUS 系统的内容,从 CAN-BUS 系统的结构组成、功能以及基本原理入手,对 CAN-BUS 系统基本检测方法和故障原因进行了详细的阐述,并对测量结果进行分析和说明,为学员深入学习 CAN-BUS 系统知识以及实践该系统的故障诊断提供了基础。

◆知识标准

- 掌握 CX70 CAN-BUS 系统的基本原理和功能。
- 能识别 CAN-BUS 系统组成部件及控制关系。
- 能判断和检测 CAN-BUS 系统的状态及工作情况。
- 能诊断 CAN-BUS 系统的常见故障。
- 能对系统故障进行恢复。

◆主要内容

- CAN-BUS 系统的结构及组成。
- CAN-BUS 系统的基本原理及电路分析。
- CAN-BUS 系统的检测方法。

任务二　CAN-BUS 系统

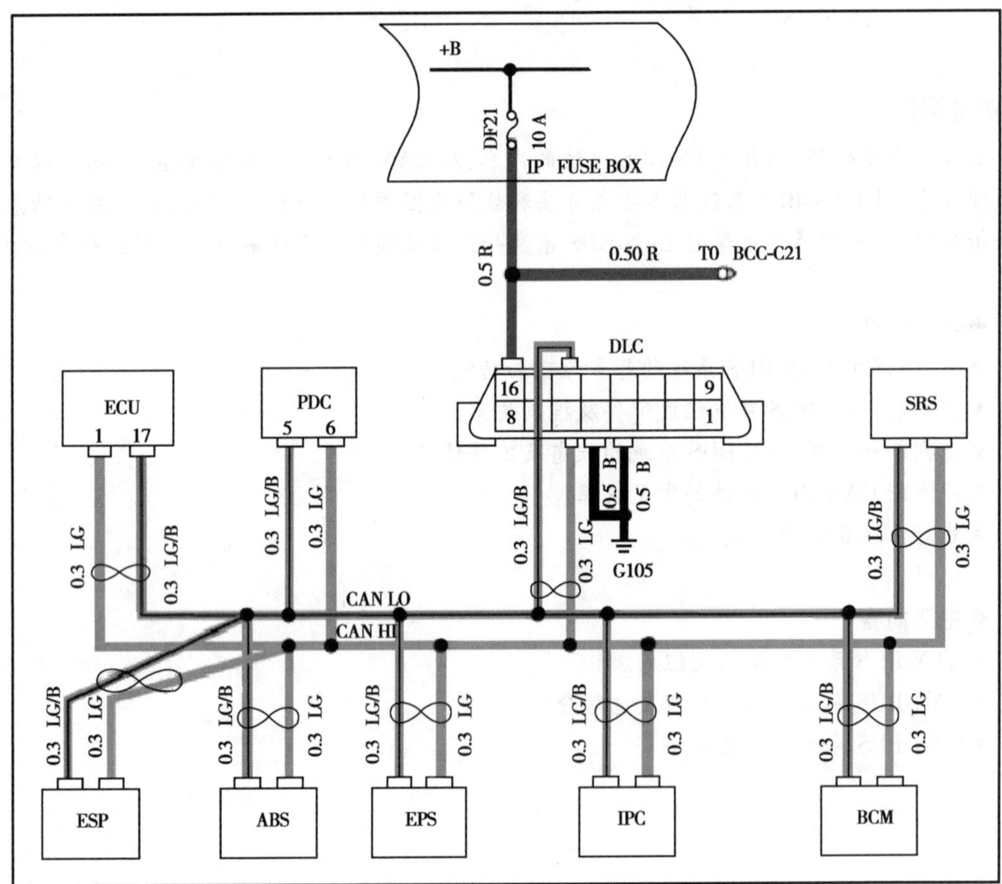

[目标]

➢ 能利用常用和专用的检测仪器对系统进行常规检查。

➢ 能按照企业的标准规范对系统部件进行拆装或更换。

➢ 能自主查阅相关资料、数据并对检查和测量结果作出检修报告，确定需维修或更换的零件。

➢ 能掌握汽车 CAN-BUS 系统诊断的思路与方法。

[资源]

➢ 设备：CX70 整车、万用表、试灯、诊断仪。

➢ 资料：CX70 配套电路图、维修手册。

课堂笔记

一、定义及功能

1.CAN 总线的定义

CAN 总线又称 CAN-BUS，是控制器局域网络(Controller Area Network)的缩写。所以，CAN 总线是指控制器区域网现场总线。

2.数据传输总线功能

①数据传输总线负责系统数据的传输工作，它通过双向数据传输，实现了信息数据的大容量、高速度传输。

②所有数据通过该总线发送给各控制单元，由各控制单元中的信息收发器接收，然后进行相关的计算处理。

二、结构及组成

1.CAN 的构成与主要硬件

最基本的 CAN-BUS 系统(图 2.1)中拥有一个 CAN 控制器、一个信息收发器、两个数据传输端及两条数据传输总线。除数据传输总线外，其他各元件都置于各控制单元的内部。

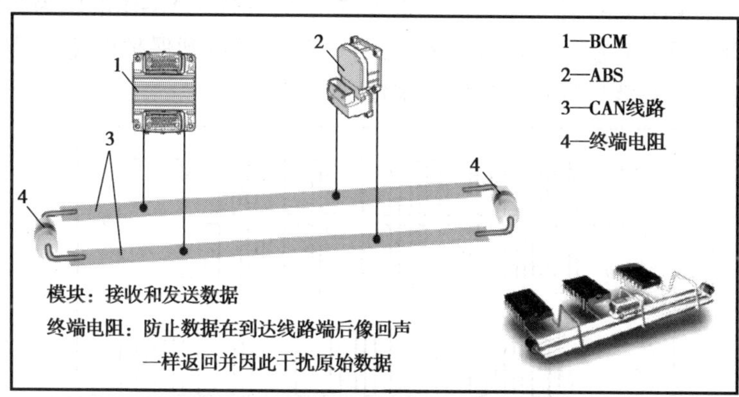

图 2.1　CAN 总线网络结构图

数据传递终端-终端电阻：在数据总线的两个末端设有两个终端电阻，一般设在 ECU(发动机控制单元)及 IPC(组合仪表组件)内，其目的是防止数据在终端被反射，并以回声的形式返回。数据在终端的反射会影响数据的传输。

2.数据传输介质

数据传输介质为双绞线，如图 2.2 所示。

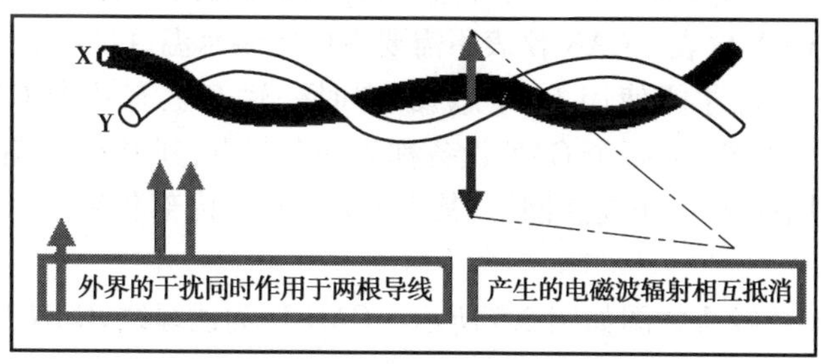

图 2.2　双绞线的结构

如果电路图中线与线之间使用 8 字形标识，表示此电路有双绞线，主要用于传感器的信号电路或数据通信电路（图 2.3）。

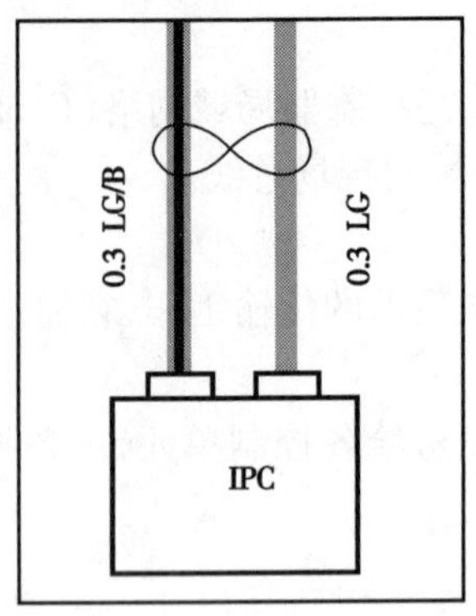

图 2.3　CAN 总线在电路图上的标识

CAN 数据总线的数据没有指定接收器，数据通过数据总线发送给各控制单元，各控制单元接收后进行计算。为了防止外界电磁波干扰和向外辐射，CAN 总线采用两条线缠绕在一起，两条线上的电位（图 2.4）是相反的。工作中，CAN-H 电压为 2.5~3.5 V，CAN-L 电压为 1.5~2.5 V；静态测量时，CAN-H 电压为2.6 V左右，CAN-L 电压为 2.4 V 左右。通过这种办法，CAN 总线得到保护而免受外界电磁场干扰，同时 CAN 总线向外辐射也保持中性，即无辐射。

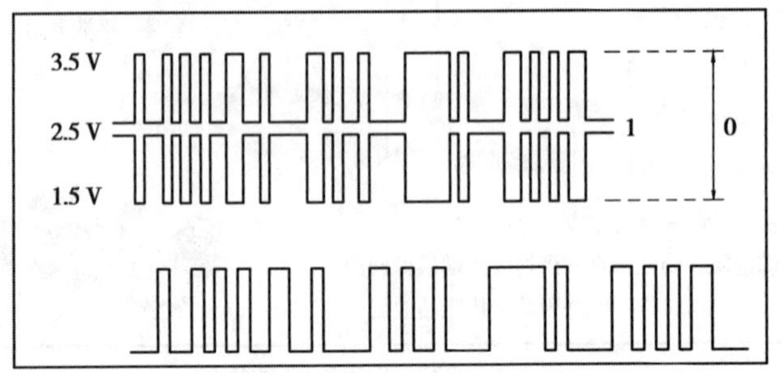

图 2.4　双绞线的电位

三、基本原理（电路图分析）

CAN 通信总线实现 ECU，CBCU，ABS，CAN 仪表等 CAN 设备之间信息共享，比如水温、机油压力等，仅需 ECU 安装传感器即可，就能把当前测得的水温、机油压力时时传送给 CAN 仪表。CAN 仪表不需要专门安装水温、机油压力传感器。

只有 CAN 设备才能使用 CAN 总线，有时一辆车上有几个 CAN 设备，比如 ECU，CAN 仪表，BCM 等，每个 CAN 设备称为一个节点，其中 ECU 就是节点 A。

CX70 车型中只有一条高速网络，其中 EMS 与 IP 内部各有一个 120 Ω 的终端电阻。

CX70 CAN 总线实物图如图 2.5 所示。CAN-H 为浅绿线，CAN-L 为黑浅绿色。

课堂笔记

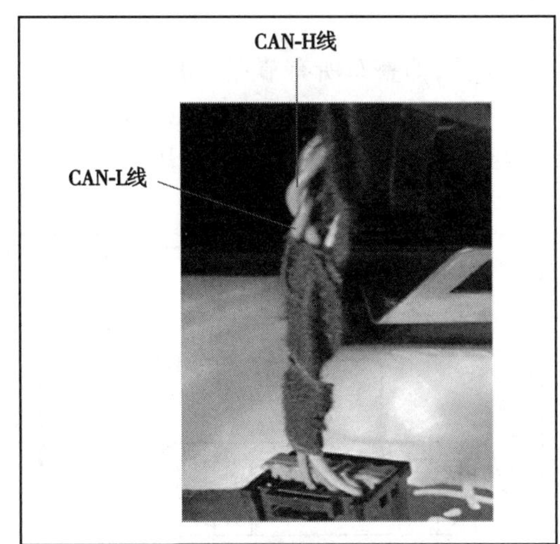

图 2.5　CX70 CAN 总线实物图

在 CX70 CAN 总线系统中，ECU，BCM，EPS，SRS，IPC，ABS，ESP，PDC 等各控制单元通过 CAN 总线连接和通信，解码仪可通过 6 号、14 号针脚与汽车各控制器通信，如图 2.6 所示。

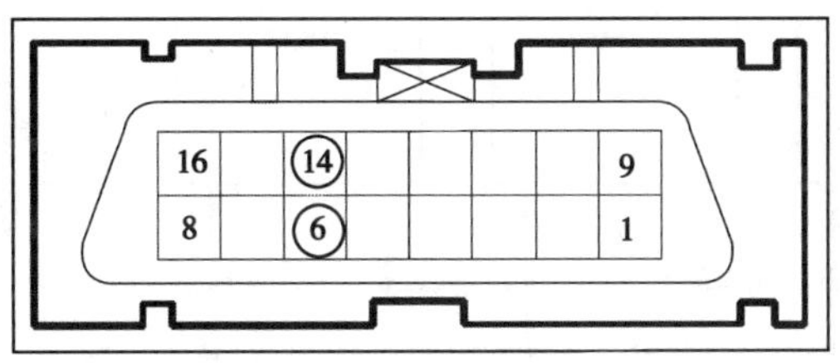

图 2.6　诊断口 CAN 线

四、检测方法

1.电阻法

①拆卸蓄电池负极端子。

②测量诊断接口 6 号、14 号端子电阻值(图 2.7)。其电阻值为 55~65 Ω。

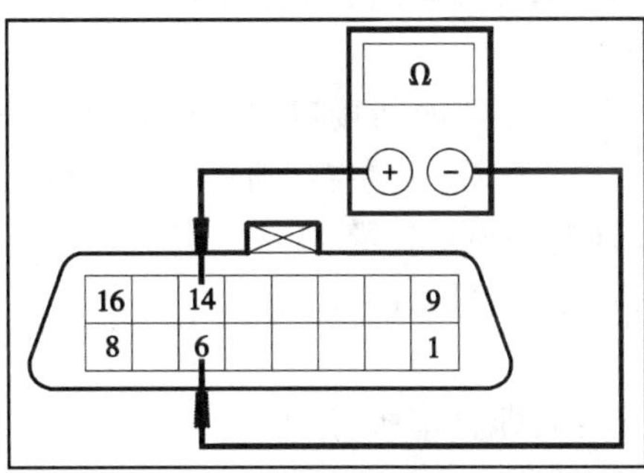

图 2.7　电阻的测量方法

小贴士

CAN 网络物理故障，通常表现为整车各故障灯点亮。

2.电压法

①点火开关打到 ON 挡,即整车所有节点上电。

②测量 6 号端子与可靠接地间的电压值在 2.6~3.5 V 跳动,正常。

③测量 14 号端子与可靠接地间的电压值在 1.4~2.45 V 跳动,正常,如图 2.8 所示。

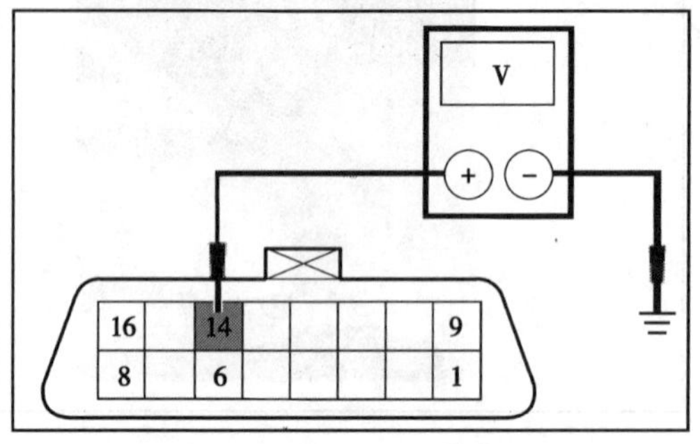

图 2.8　电压的测量方法

3.常见故障

(1)CAN-H 短路到电源,如图 2.9 所示。

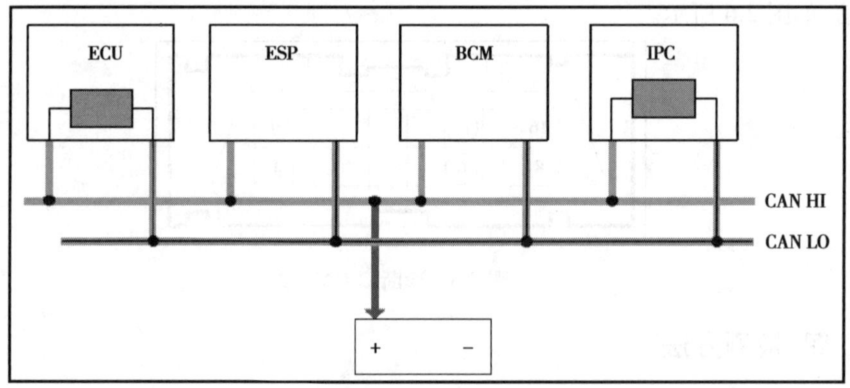

图 2.9　CAN-H 短路到电源

检测方法如下:

①点火开关打到 ON 挡,即整车所有节点上电。

②万用表调到电压挡量程。

③将万用表的正表笔连接到诊断接口引脚 CAN-H,负表笔连接到地(GND),测试 CAN-H 电压:若电压值为 2.6 V 左右,则表示正常;若电压值大于 5 V,或者是电瓶电压,则表示 CAN-H 与高电源短路。

(2)CAN-L 短路到电源,如图 2.10 所示。

检测方法如下:

①点火开关打到 ON 挡,即整车所有节点上电。

②万用表调到电压挡量程。

③将万用表的正表笔连接到诊断接口引脚 CAN-L,负表笔连接到地(GND),测试 CAN-L 电压:若电压值为 2.4 V 左右,则表示正常;若电压值大于5 V,或者是电瓶电压,则表示 CAN-L 与高电源短路。

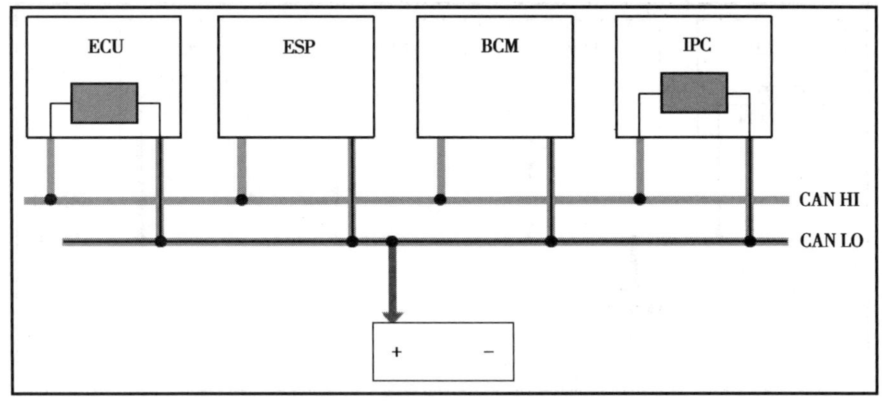

图 2.10　CAN-L 短路到电源

(3)CAN-H 短路到地,如图 2.11 所示。

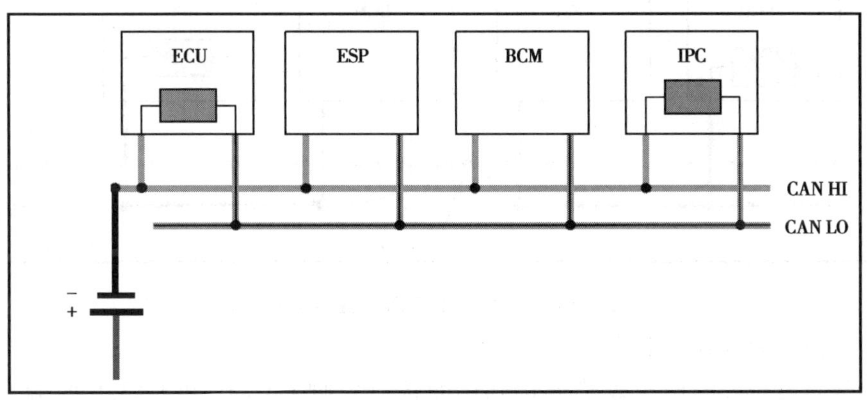

图 2.11　CAN-H 短路到地

检测方法如下:

①将电池正极断开,整车断电。

②万用表调到电阻挡。

③将万用表的正表笔连接到诊断接口引脚 CAN-H,负表笔连接到地(CND),测试 CAN-H 对地电阻:若阻值大于 100 kΩ 则正常;若阻值过小,则 CAN-H 线存在对地短路情况。

(4)CAN-L 短路到地,如图 2.12 所示。

检测方法如下:

①将电池正极断开,整车断电。

②万用表调到电阻挡。

③将万用表的正表笔连接到诊断接口引脚 CAN-L,负表笔连接到地(GND),测试 CAN-L 对地电阻:若阻值大于 100 kΩ 则正常;若阻值过小,则 CAN-L 线存在对地短路情况。

(5)CAN-H 与 CAN-L 线路互短,如图 2.13 所示。

检测方法如下:

①将电池正极断开,整车断电。

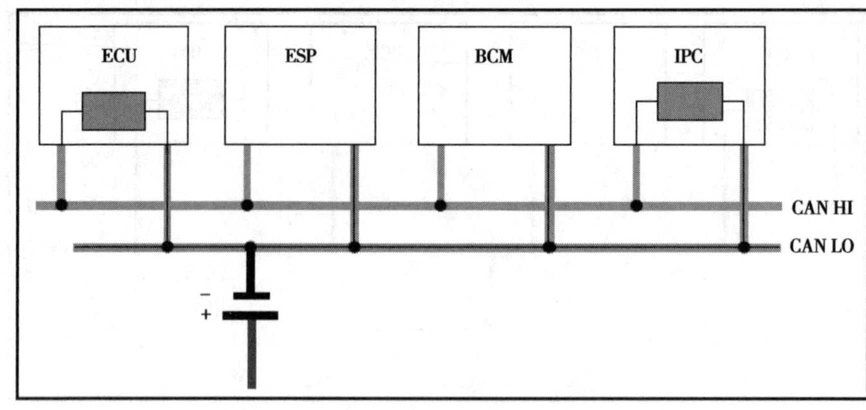

图 2.12　CAN-L 短路到地

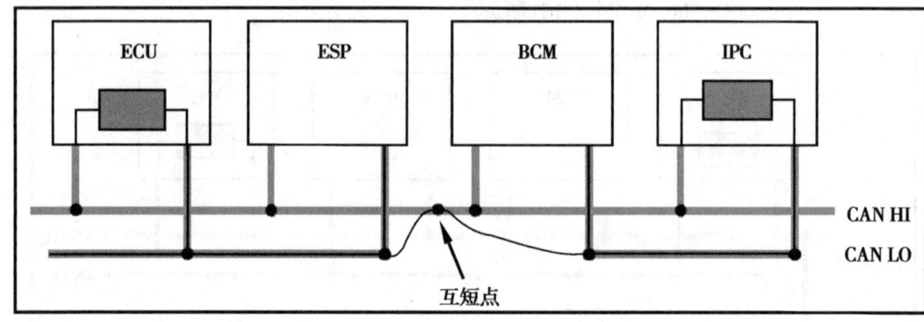

图 2.13　CAN-H 和 CAN-L 线路互短

②万用表调到电阻挡。

③将万用表的两个表笔连接到诊断接口引脚 CAN-H 和 CAN-L 两端,测试 CAN-H 与 CAN-L 是否短路,整个 CAN 首尾安装了 120 Ω 电阻并联 CAN 网,正常测量 CAN-H 与 CAN-L 电阻值为 60 Ω 左右;结果异常时,应检测 CAN-H 与 CAN-L 线路是否存在短路开路。

(6)CAN-H 或 CAN-L 线路断线, 如图 2.14 所示。

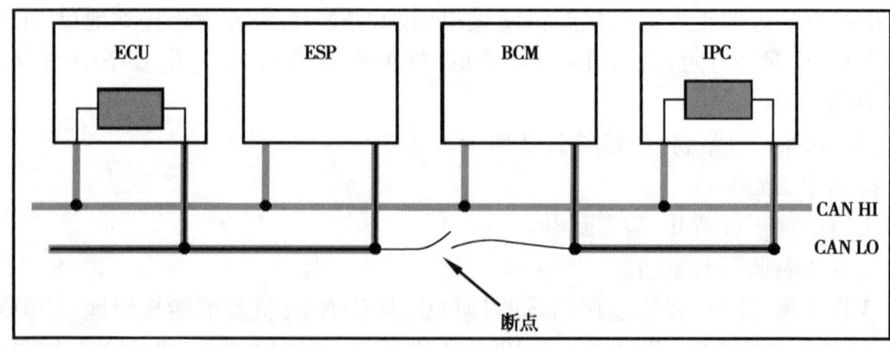

图 2.14　CAN-L 线路断线

检测方法如下:

①将电池正极断开,整车断电。

②万用表调到电阻挡。

课堂笔记

③将万用表的两个表笔连接到诊断接口引脚 CAN-H 和 CAN-L 两端，正常测量 CAN-H 与 CAN-L 电阻值为 60 Ω 左右，如果检测到 CAN-H 与 CAN-L 线路电阻值为 120 Ω，则 CAN-H 线或 CAN-L 线存在断线情况。

小贴士

☆还有一种情况就是 CAN 网终端电阻（计算机内部的电阻或者是外挂式电阻）本身出现问题，导致 CAN-H 与 CAN-L 阻值不是 60 Ω 左右。

☆在维修中，常见故障“CAN 节点 A 总线错误”并不一定是 ECU 本身故障，基本上都是整车 CAN 网络电压异常、其他 CAN 控制故障造成 CAN 网络干扰导致的。

☆若之前测试没有异常，但仪表还报总线通信故障，这属于特殊故障情况，根据经验可能是以下几种故障：

①某一节点电源断路，导致没有报文发出。

②某一节点不满足 250 Kbit/s 通信速率（CAN 线束断路）。

③某一节点自身内部出现故障。

五、技能训练

1.就车完成 CAN 线路检测和诊断，使用万用表测量诊断口 6 号端子、14 号端子的电阻和电压。

CAN-H 与 CAN-L 之间的电阻：__________，标准值：55~65 Ω。

CAN-H 电压：____________，标准值：2.6~3.5 V 跳动，正常。

CAN-L 电压：__________，标准值：1.4~2.45 V 跳动，正常。

2.根据检查，得出的结论是：

CAN-H 与 CAN-L 之间的电阻：□正常/□不正常

CAN-H 电压：□正常/□不正常

CAN-L 电压：□正常/□不正常

3.根据以上检测数据，判断 CAN 线路性能良好：□是/□否，诊断故障为______

____

______________________________________。

模块三　车身电器系统

【模块说明】

本模块主要介绍了电动车窗系统、电动后视镜系统、照明系统、雨刮系统、仪表及娱乐系统、安全气囊系统、中控及防盗系统以及空调系统8个车身电器系统的组成部件结构及各部分零件的检测方法,结合各个系统的电路图分析了各系统的工作原理,并结合各个系统的基本构造和工作原理介绍了相应的检测和维修方法。

◆知识标准

- 能识别各个系统的组成部件及功能。
- 能正确识读各个系统的电路图。
- 能准确分析各个系统的控制原理。
- 能判断和检测各个系统主要部件的性能。
- 能诊断各个系统的常见故障。

◆主要内容

- 电动车窗系统。
- 电动后视镜系统。
- 照明系统。
- 雨刮系统。
- 仪表与娱乐系统。
- 安全气囊系统。
- 空调系统。
- 中控门锁及防盗系统。

任务三　电动车窗系统

［目标］

➢ 识别并说明电动车窗系统的各组成部件及功能。
➢ 理解电动车窗的工作原理与工作过程。
➢ 能判断和检测车窗系统的主要部件性能。
➢ 运用电动车窗系统的知识和有效的检测方法，诊断车窗系统的相关故障。

［资源］

➢ 设备：CX70 整车、万用表、试灯、诊断仪。
➢ 资料：CX70 配套电路图、维修手册。

课堂笔记

一、功能

CX70 车窗玻璃采用电动升降方式，当需要升降车门玻璃时，只需按动玻璃升降器按钮。驾驶员车门内侧设有全车车窗玻璃升降按钮，其他车门上的开关按钮则只控制相应的车窗玻璃。锁止按钮能使除驾驶员车门以外的其余 3 个车窗相应位置的开关不能控制车窗升降。

二、结构及组成

电动车窗系统主要由车窗玻璃、电动机和控制开关、车窗玻璃升降器等组成。主控开关用于驾驶员对电动车窗系统进行总的操纵，安装在左前车门把手上；分控开关安装在车门把手上，用于乘客对车窗进行操纵；电动机用来为门窗的升降提供动力，当电动机传动时，改变旋转方向，车窗升降器带着门窗上下进行升降。控制开关及车窗升降器总成如图 3.1 所示。

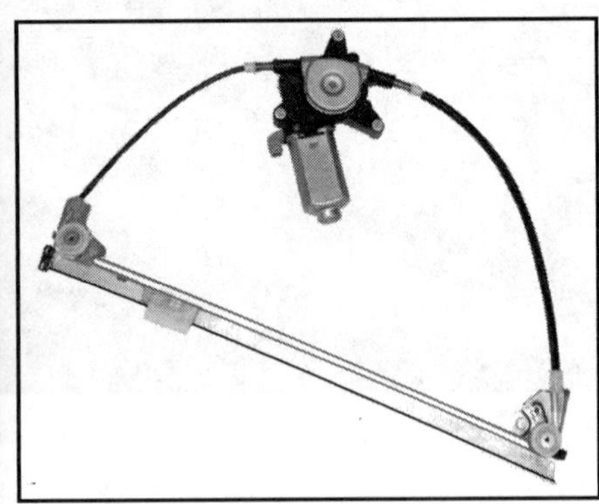

图 3.1　控制开关及车窗升降器总成

三、基本原理

以前左车窗为例，讲解电动车窗的电路原理，如图 3.2 所示。

BCM 接收各个开关的信号，经过判断处理之后输出信号控制电机。

BCM 的 A10 号针脚为前车窗电源，4 号针脚接地 G103。

当操纵左前门车窗按钮上升时，BCM 的 C02 号针脚接收左前门电动车窗开关上升信号，BCM 的 A03 号针脚提供左前门电动车窗升降电机上升电源至左前门电动车窗升降电机的 1 号针脚。

当操纵左前门车窗按钮下降时，BCM 的 C02 号针脚接收左前门电动车窗开关下降信号，BCM 的 A02 号针脚提供左前门电动车窗升降电机下降电源至左前门电动车窗升降电机的 2 号针脚。

四、检测方法

1.开关检测

主车窗开关的电路原理及插头端子，如图 3.3 所示。

①左前窗上：主车窗开关接插件 PIN 脚 10 号和 4 号间电阻为 1.2 kΩ。

课堂笔记

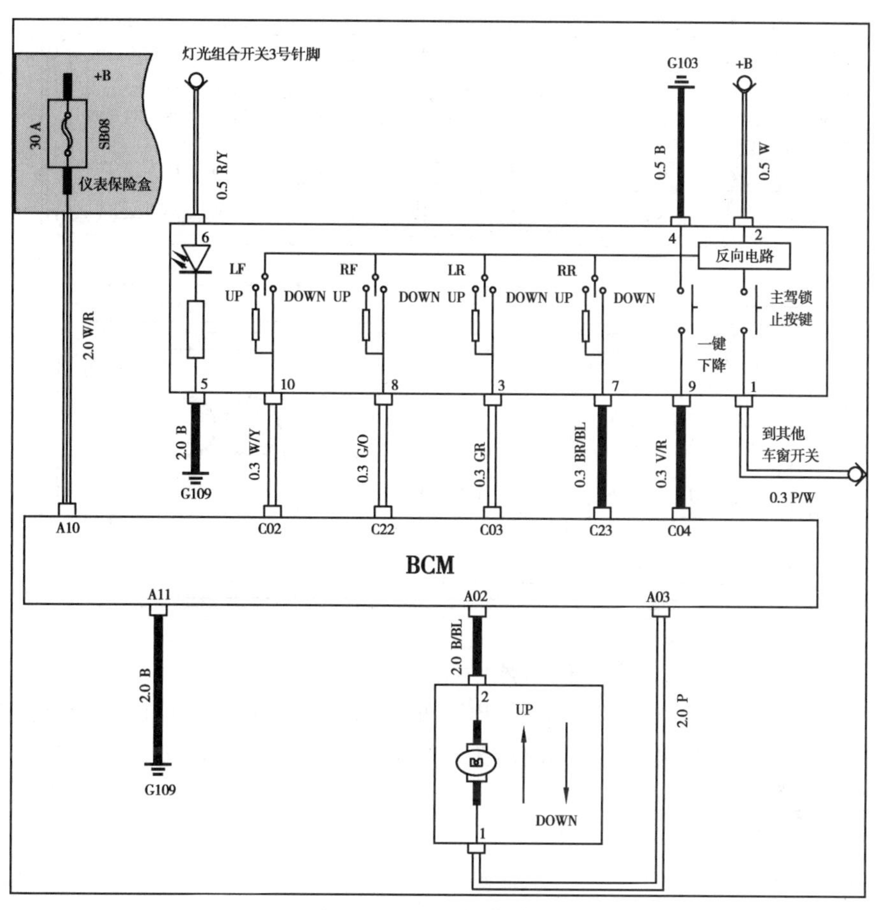

图 3.2　左前面电动车窗电路图

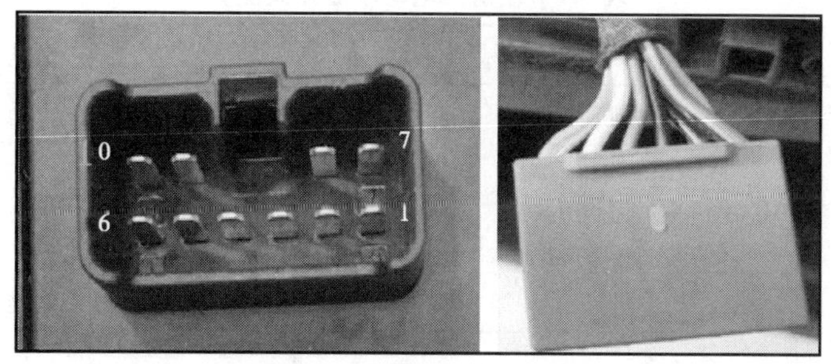

图 3.3　主车窗开关的电路原理及插头端子

②左前窗下：主车窗开关接插件 PIN 脚 10 号和 4 号间电阻为 0 Ω。

③一键下降：主电动车窗开关接插件 PIN 脚 9 号和 4 号间电阻为 0 Ω。

④在 PIN 脚 2 号通电的情况下，锁止开关才起作用，此时按下锁止开关，PIN 脚 1 号和 4 号间连通，且电压为 0 V。解除锁止，PIN 脚 1 号和 4 号间不连通。

2.BCM 信号检测

①操纵左前门车窗按钮上升时，BCM 的 C02 号针脚接收左前门电动车窗开关上升信号，用万用表检测该针脚电压为 2.24 V，BCM 的 A2 号针脚电压为 0 V，A3 号针脚电压为 12 V，针脚位置如图 3.4 所示。

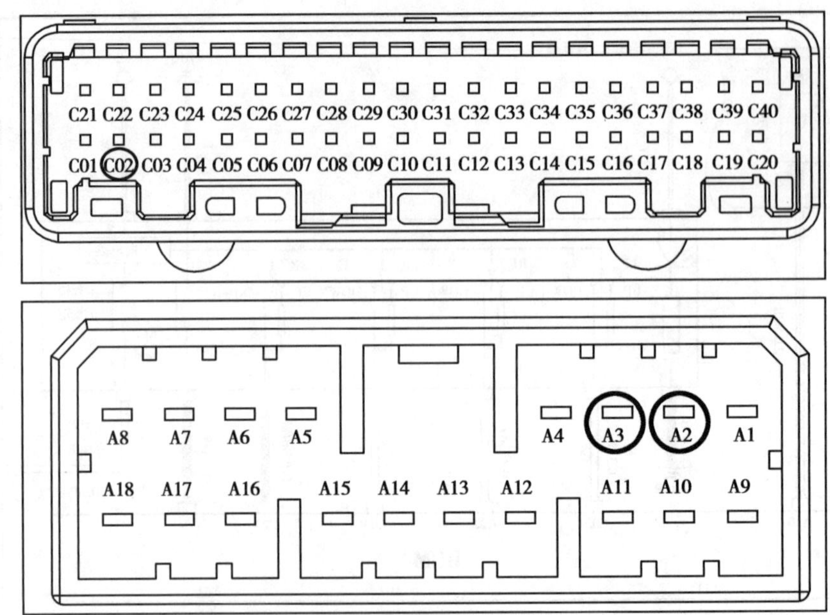

图 3.4 针脚 C02,A2 及 A3 的位置

②操纵左前门车窗按钮下降时,BCM 的 C02 号针脚接收左前门电动车窗开关下降信号,用万用表检测该针脚电压为 0 V,BCM 的 A2 号针脚电压为 12 V。

五、技能训练

1.开关检测

结合维修手册及电路图对左前门电动车窗开关进行检测,完成表 3.1。

表 3.1 左前门电动车窗开关检测

检测项目	检测结果			是否正常
左前门电动车窗开关检测	PIN 脚	工作状态	测量值	是否正常
	10 号和 4 号之间电阻	上升		
		下降		
	PIN 脚	工作状态	测量值	是否正常
	9 号和 4 号之间电阻	一键下降		
	PIN 脚	工作状态	导通状态	是否正常
	在 PIN 脚 2 号通电的情况下,测量 1 号和 4 号之间是否导通	按下锁止开关		
		解除锁止开关		

课堂
笔记

2.BCM 信号检测

结合维修手册及电路图对主车窗的 BCM 控制信号进行检测,完成表 3.2。

表 3.2　BCM 插头的主车窗信号检测

<table>
<tr><td rowspan="5">BCM 插头的主车窗信号检测</td><td colspan="2">左前窗</td><td>PIN 脚</td><td>电压</td><td>是否正常</td></tr>
<tr><td rowspan="2">输入（开关信号）</td><td>上升</td><td></td><td></td><td></td></tr>
<tr><td>下降</td><td></td><td></td><td></td></tr>
<tr><td rowspan="2">输出（电机控制）</td><td>上升</td><td></td><td></td><td></td></tr>
<tr><td>下降</td><td></td><td></td><td></td></tr>
</table>

任务四　电动后视镜系统

［目标］

➢ 识别并说明电动后视镜系统的组成部件及功能。
➢ 理解电动后视镜系统的控制原理及逻辑。
➢ 能判断和检测电动后视镜系统的主要部件性能。
➢ 运用电动后视镜系统的知识和有效的检测方法，诊断系统相关故障。

［资源］

➢ 设备：CX70 整车、万用表、试灯、诊断仪。
➢ 资料：CX70 配套电路图、维修手册。

课堂笔记

一、功能

电动后视镜在需要调节视角时,驾驶员可以在车内通过电动按钮方便地对左右后视镜的角度进行随时调节、展开及收缩,在按下遥控锁车键时可自动折叠,按下开锁键时可自动展开。

二、结构及组成

电动后视镜一般由镜片、驱动电动机、控制电路、操纵开关等组成。在每个电动后视镜的背后装有两个可逆电动机和驱动机构,可控制后视镜上下及左右转动。电动后视镜的结构如图 3.5 所示。

图 3.5　电动后视镜组成

按下后视镜选择按钮到位置 L 或 R,选择对左或者右后视镜进行调节。按下后视镜调节按钮可实现对后视镜镜片的左、右、上、下调节,在按下遥控锁车键时可自动折叠,按下开锁键时可自动展开。

三、基本原理

电动后视镜控制电路如图 3.6 所示。下面以左后视镜为例讲解控制电路的工作原理。

1.垂直方向调节

若要调节左后视镜垂直方向的倾斜程度,先按下后视镜选择按钮“L”,再按下后视镜调节按钮向上或向下箭头。

(1)“上”的过程

此时电流的方向为:电源→保险丝 23→开关端子 8→开关端子 4→左电动后视镜连接端子 1→“升/降”电动机→左电动后视镜连接端子 2→开关端子 6→开关端子 7→搭铁,形成回路,这时左后视镜向上旋转运动。

(2)“下”的过程

此时电流的方向为:电源→保险丝 23→开关端子 8→开关端子 6→左电动后视镜连接端子 2→“升/降”电动机→左电动后视镜连接端子 1→开关端子 4→开关端子 7→搭铁,形成回路,这时左后视镜向下旋转运动。

2.水平方向调节

若要调节左后视镜水平方向的倾斜程度,先按下后视镜选择按钮“L”,再按下后视镜调节按钮向左或向右箭头。

(1)“左”的过程

此时电流的方向为:电源→保险丝 23→开关端子 8→开关端子 5→左电动后视

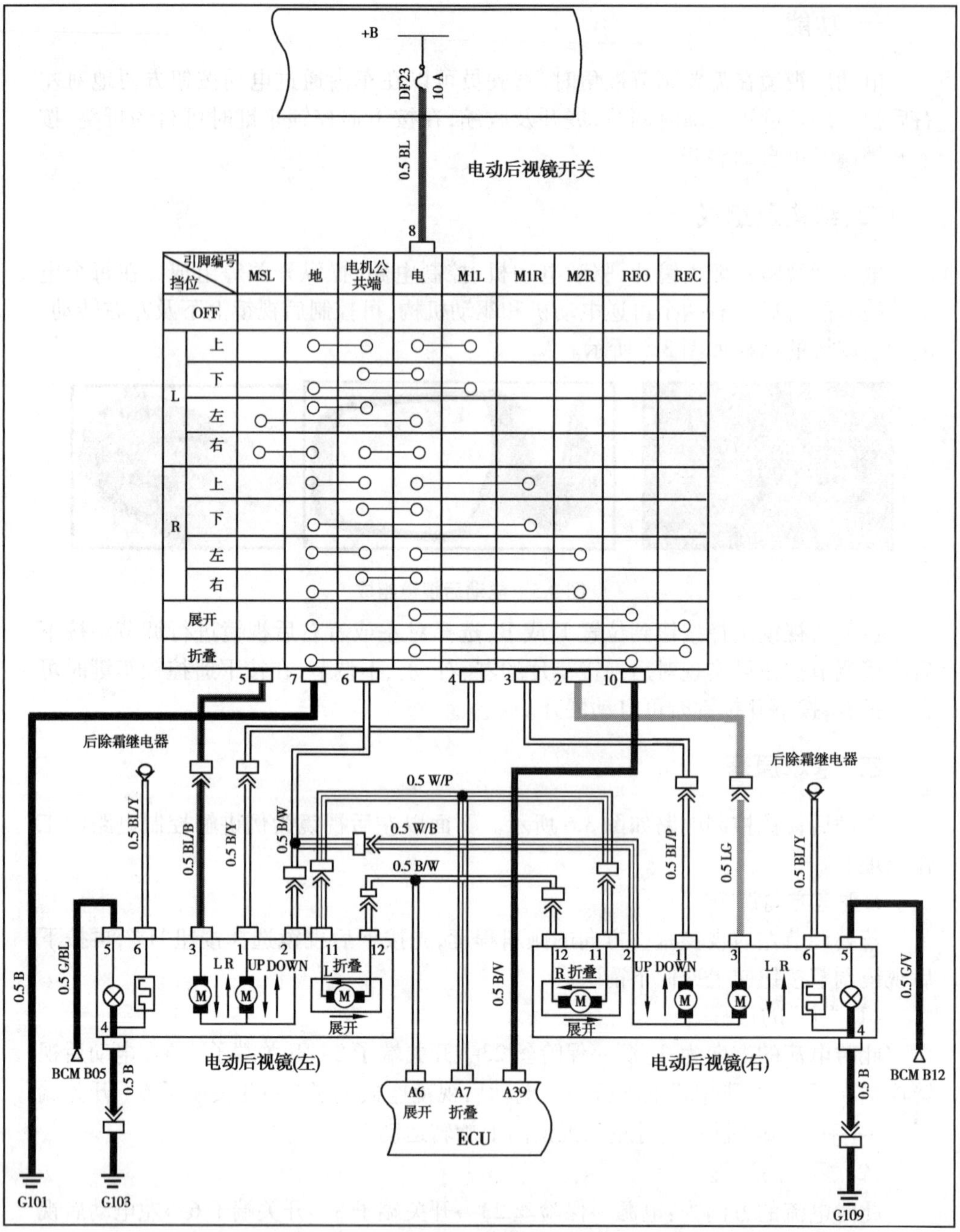

图 3.6 电动后视镜电路图

镜连接端子 3→“升/降”电动机→左电动后视镜连接端子 2→开关端子 6→开关端子 5→搭铁，形成回路，这时左后视镜向左旋转运动。

(2)“下”的过程

此时电流的方向为：电源→保险丝 23→开关端子 8→开关端子 6→左电动后视镜连接端子 2→“升/降”电动机→左电动后视镜连接端子 3→开关端子 5→开关端子 7→搭铁，形成回路，这时左后视镜向右旋转运动。

3.折叠调节

若要使后视镜折叠，按下后视镜折叠按钮，BCM 的 C39 号针脚收到来自后视镜折叠开关的接地信号，BCM 的 A7 号针脚输出电流给电机，电机带动后视镜实现自动折叠，再按一次，BCM 的 A6 号针脚输出电流给电机，后视镜自动展开，针脚位置如图 3.7 所示。

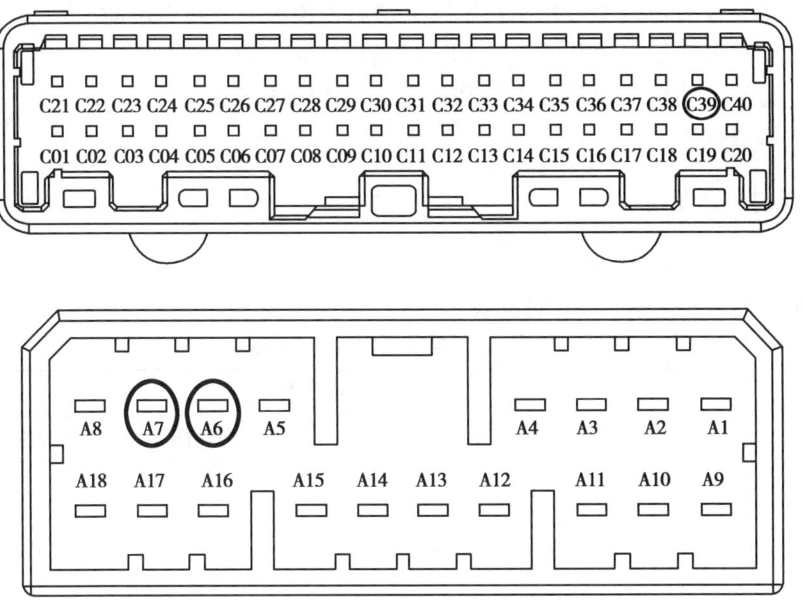

图 3.7　针脚 C39，A7 和 A6 的位置

四、检测方法

1.开关检测

电动后视镜的开关及其连接器的端子如图 3.8 所示。

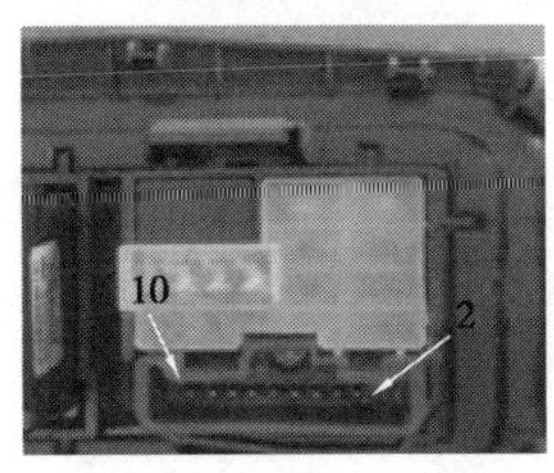

图 3.8　电动后视镜的开关及其连接器的端子图

①后视镜选择开关“L”，控制左后视镜。

后视镜上：后视镜接插件 PIN 脚 6 号和 7 号连通，PIN 脚 4 号和 8 号连通。

后视镜下：后视镜接插件 PIN 脚 4 号和 7 号连通，PIN 脚 6 号和 8 号连通。

后视镜左：后视镜接插件 PIN 脚 6 号和 7 号连通，PIN 脚 5 号和 8 号连通。

后视镜右：后视镜接插件 PIN 脚 5 号和 7 号连通，PIN 脚 6 号和 8 号连通。

②后视镜选择开关“R”，控制右后视镜。

后视镜上：后视镜接插件 PIN 脚 6 号和 7 号连通，PIN 脚 3 号和 8 号连通。

课堂笔记

后视镜下:后视镜接插件 PIN 脚 3 号和 7 号连通,PIN 脚 6 号和 8 号连通。
后视镜左:后视镜接插件 PIN 脚 6 号和 7 号连通,PIN 脚 2 号和 8 号连通。
后视镜右:后视镜接插件 PIN 脚 2 号和 7 号连通,PIN 脚 6 号和 8 号连通。
③后视镜折叠按钮按下,后视镜接插件 PIN 脚 10 号和 7 号连通。

2.线路检测

①检查仪表台板中央控制盒中的电动后视镜保险丝是否熔断。
②检查电动后视镜开关 7 号 PIN 脚是否可靠接地。
③检测电动后视镜开关 8 号 PIN 脚的工作电压。
④检查线束。

五、技能训练

1.电动后视镜开关检测

电动后视镜开关检测,完成表 3.3。

表 3.3　电动后视镜开关检测

检测项目	状态				
	挡位		所检测的 PIN 脚	是否导通	是否正常
电动后视镜开关检测	L	上			
		下			
		左			
		右			
	R	上			
		下			
		左			
		右			

2.线路检测

线路性能良好:□是/□否, 诊断故障为________________________________

____。

任务五　照明系统

[目标]

➢ 识别并说明照明系统组成部件及功能。

➢ 理解照明系统控制原理及逻辑。

➢ 能判断和检测照明系统的主要部件性能。

➢ 运用照明系统的知识和有效的检测方法,诊断照明系统的相关故障。

[资源]

➢ 设备:CX70 整车、万用表、试灯、诊断仪。

➢ 资料:CX70 配套电路图、维修手册。

一、功能

照明灯是为了保证汽车在光线不好的条件下提高车辆行驶的安全性和行驶速度而设置的。

二、结构及组成

汽车照明灯是汽车行驶必不可少的照明设备,为了提高汽车的行驶速度,确保行车安全,汽车上装有多种照明设备,如前照灯、日间行车灯、转向灯、雾灯、倒车灯、刹车灯、车内照明灯等。

照明系统主要由灯光开关、BCM 及车灯 3 个部分组成,一般控制逻辑如图 3.9 所示。

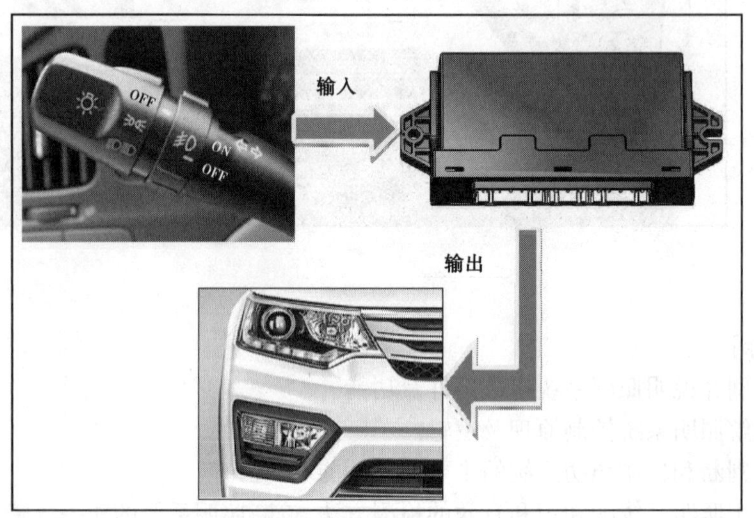

图 3.9　照明系统控制逻辑图

灯光开关的操作:转动开关端部,便可依次接通小灯和大灯。远光灯控制杆有两个挡位,在近光灯接通的条件下,向下推控制杆为远光挡位,远光灯接通,同时仪表板上的指示灯亮;复位后,向上轻抬为变光挡位,远光灯闪亮,以在超车时使用,松开手时即刻复位。

三、基本原理

照明系统的各种灯光的控制原理基本相同,检测思路也基本相同,主要根据电路图检测电路,下面以转向灯控制系统为例进行分析,如图 3.10 所示。

打开左转向灯开关,BCM 的 C27 号针脚会收到来自灯光开关的低电平信号,B05 号针脚会输出一个高电平信号给左转向灯,左转向灯亮。

打开右转向灯开关,BCM 的 C07 号针脚会收到来自灯光开关的低电平信号,B12 号针脚会输出一个高电平信号给右转向灯,右转向灯亮。

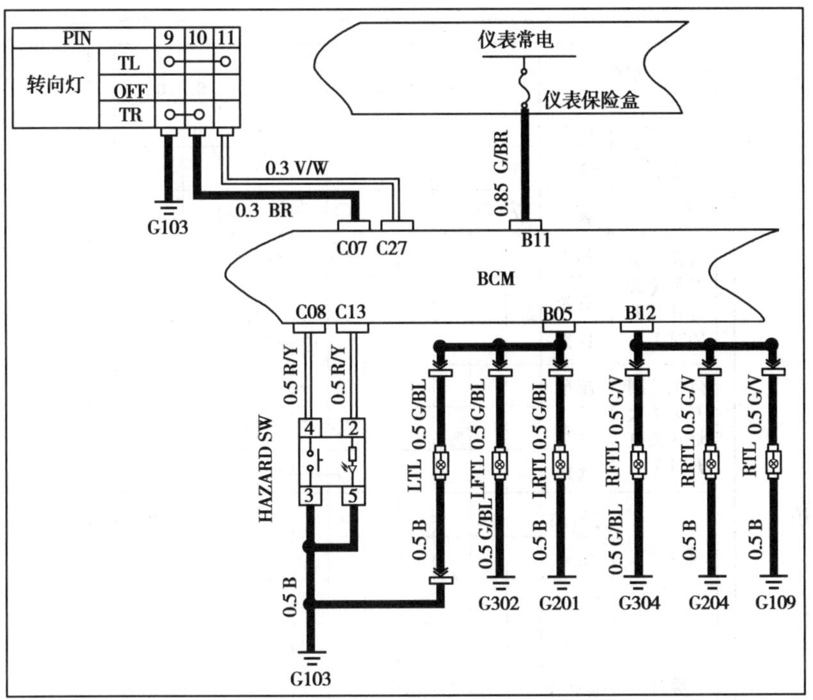

图 3.10　照明系统原理图

四、检测方法

1.灯光开关检测

灯光开关端子及端子导通图,如图 3.11 和图 3.12 所示。

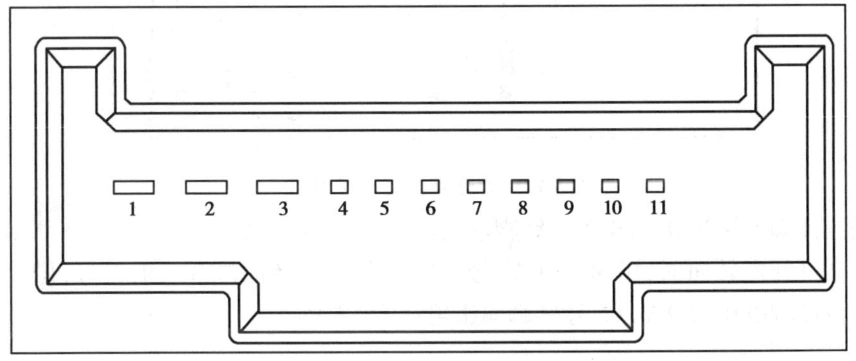

图 3.11　灯光开关端子图

以转向灯为例,按以下步骤检测端子的导通情况。

①开关打到右转向,用万用表检测开关接插件 PIN 脚 9 号和 11 号间应导通。

②开关打到左转向,用万用表检测开关接插件 PIN 脚 9 号和 10 号间应导通。

2.BCM 信号检测

以转向灯为例,检测 BCM 信号。

①打开右转向时,BCM 的 C07 号针脚接收来自转向灯开关的信号,用万用表

课堂笔记

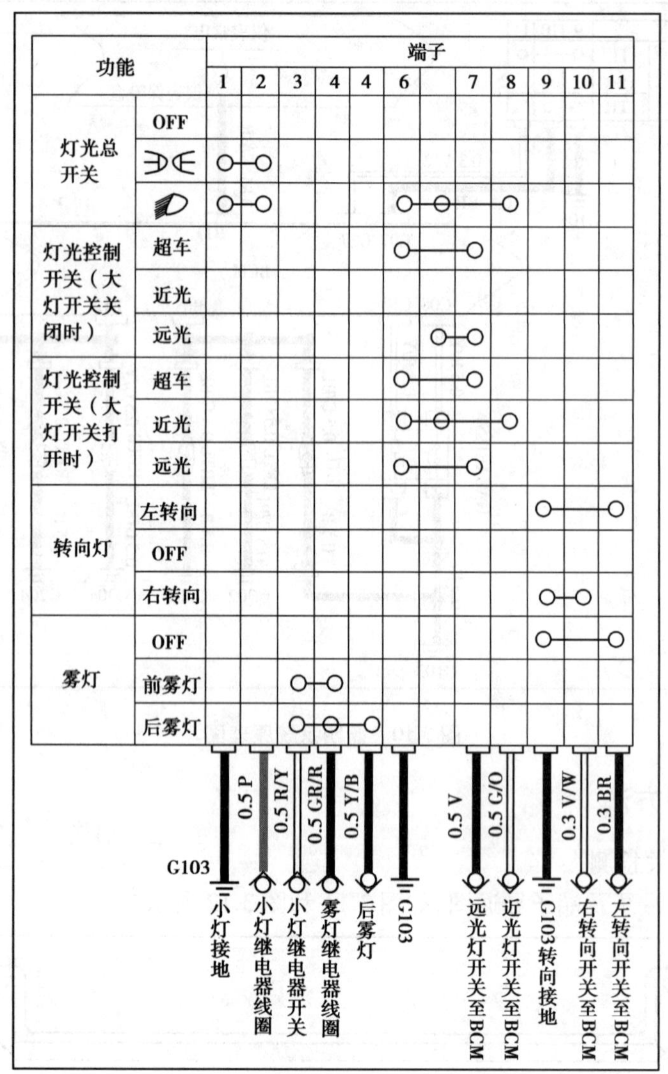

图 3.12　灯光开关端子导通图

检测该针脚电压为 0 V,B12 号针脚输出电压为 12 V,针脚位置如图 3.13 所示。

②打开左转向时,BCM 的 C27 号针脚接收来自转向灯开关的信号,用万用表检测该针脚电压为 0 V,B5 号针脚输出电压为 12 V。

五、技能训练

1.灯光开关检测

以转向灯为例,检测开关端子的导通情况,并完成表 3.4。

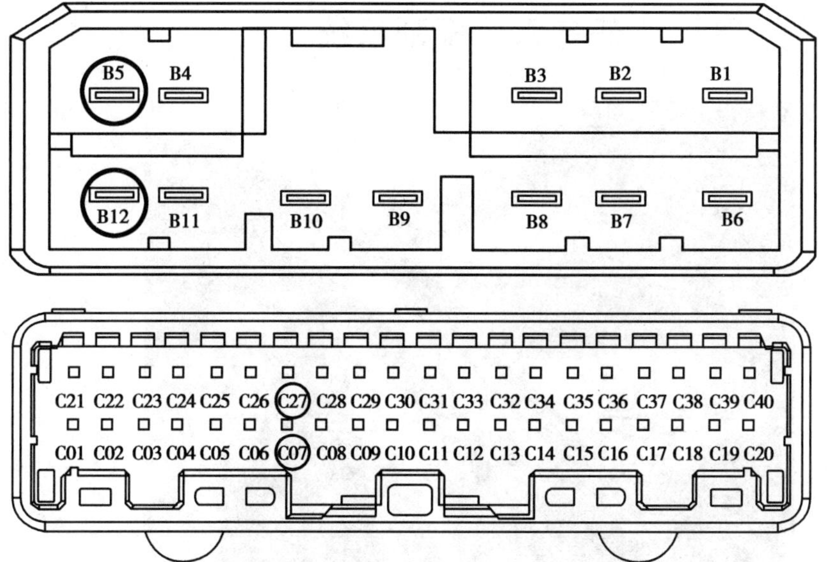

图 3.13　针脚的位置

表 3.4　转向灯开关端子的导通情况

挡位	所检测的两个 PIN 脚	是否导通	是否正常
打开左转向开关	9 号和 10 号之间		
打开右转向开关	9 号和 11 号之间		

2.BCM 信号检测

以转向灯为例,检测 BCM 的输入输出信号,并完成表 3.5。

表 3.5　BCM 的信号

挡位	PIN 脚	电压	是否正常
打开左转向开关			
打开右转向开关			

3.线路检测

线路性能良好:□是/□否,诊断故障为________________________________

____。

任务六　雨刮系统

[目标]

- 理解雨刮系统控制原理及逻辑。
- 识别并说明雨刮系统组成部件及功能。
- 能判断和检测雨刮系统主要部件性能。
- 运用雨刮系统的知识和检测方法,有效地诊断雨刮系统相关故障。

[资源]

- 设备:CX70 整车、通用拆装工具、万用表、试灯。
- 资料:CX70 配套电路图、维修手册。

课堂笔记

一、功能

雨刮系统是汽车的主要安全装置之一，它能将车窗上的雨滴、雪花、泥水刮净，保证司机的视线，确保车辆行驶的安全。

二、结构及组成

前雨刮系统主要由雨刮开关、雨刮电机、前刮臂总成、刮水器连杆机构、刮刷、洗涤泵、储液壶、加液管、喷嘴等组成，如图 3.14 所示。其主要功能有一次刮水、间歇刮、慢刮、快刮及同时喷水和洗刮。

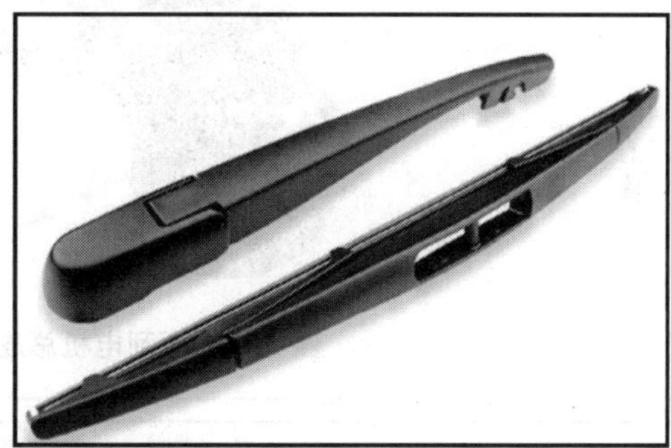

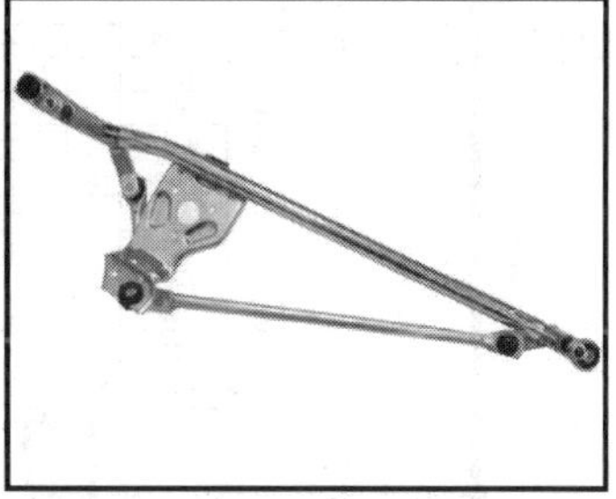

图 3.14　雨刮系统组成图

雨刮系统主要结构功能如下：

1.雨刮开关

控制雨刮系统按照驾驶员要求的挡位工作。

2.雨刮电机

雨刮电机为直流变速电机，内有快慢两个线圈，电动机输出经涡轮减速器减速，并改变输出方向。

3.前刮水臂总成

前刮水臂总成用于将刮水器安装在汽车风窗玻璃前，以及刮水器系统各部件的安装。

4.刮水器连杆机构

它是把电动机的旋转输出运动传递到前刮水臂，并转化为摆动运动。

三、基本原理

雨刮电机输出轴蜗杆带动涡轮旋转，减速输出动力。在涡轮上覆有一圈带缺

口的导电盘(图 3.15),通电的两个弹片压在导电盘上。当弹片经过导电盘没有缺口处时,两个弹片导通;当涡轮旋转,使导电盘缺口转到弹片处时,两个弹片断路。利用此缺口,可以使电机永远停止在某个固定的地方,即雨刮臂永远停止在不遮挡视线的固定地方。

图 3.15　雨刮电机总成结构图

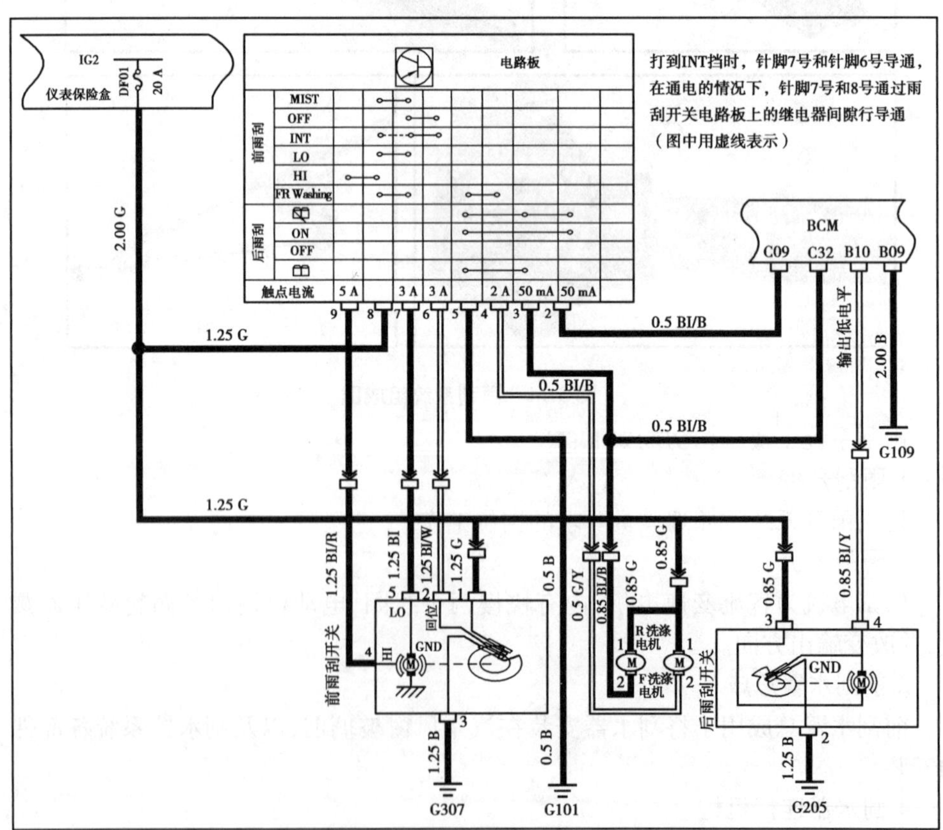

图 3.16　雨刮系统电路图

雨刮系统电路图如图 3.16 所示,转动点火开关至 ON 挡,电源 IG2 电流通过仪表台保险丝盒中的 DF01 号保险丝分别供电至雨刮组合开关的 8 号针脚、前雨刮电

机的 1 号针脚、前洗涤电机的 1 号针脚、后雨刮电机的 3 号针脚，以及后洗涤电机的 1 号针脚。各挡位电路原理如下：

前雨刮 LO 挡：电流通过仪表台保险丝盒中的 DF01 号保险丝供电至雨刮组合开关的 8 号针脚，雨刮开关 8 号针脚与 7 号针脚导通，经 7 号针脚供电至电机 5 号针脚，电机低速运行。

前雨刮 HI 挡：电流通过仪表台保险丝盒中的 DF01 号保险丝供电至雨刮组合开关的 8 号针脚，雨刮开关 8 号针脚与 9 号针脚导通，经 9 号针脚供电至电机 4 号针脚，电机高速运行。

前雨刮 MIST 挡：雨刮开关 7 号针脚和 8 号针脚导通一次，雨刮低速运行一个周期。

前雨刮 OFF 挡：电流通过仪表台保险丝盒中的 DF01 号保险丝供电至前雨刮电机的 1 号针脚，由于电机未回位，电机内部两个连接 1 号和 2 号针脚的弹片导通，经电机 2 号针脚供电至雨刮开关 6 号针脚，雨刮开关 6 号针脚和 7 号针脚导通，经 7 号针脚供电至电机 5 号针脚，电机低速运行至回位，回位后电机 2 号、3 号针脚连接的弹片导通，电机电枢绕组短路，因惯性不能立即停转，以发电机方式运行，产生很大的反电动势和制动力矩，使电机迅速停转、刮水片停在特定位置。

前雨刮 INT 挡：电流通过仪表台保险丝盒中的 DF01 号保险丝供电至雨刮组合开关的 8 号针脚，雨刮开关内组合电路工作使 7 号针脚和 8 号针脚间隙导通。导通时，雨刮电机低速运行；断开时，6 号针脚和 7 号针脚导通，电机低速回位。间隙控制可以实现五挡调节间隙时间。

前洗涤挡：雨刮开关 7 号针脚和 8 号针脚、4 号针脚和 5 号针脚分别导通，雨刮电机低速运转，电流通过仪表台保险丝盒中的 DF01 号保险丝供电至前洗涤电机的 1 号针脚，洗涤电机 2 号针脚经过雨刮开关 4 号针脚和 5 号针脚通过 G101 接地，洗涤电机持续喷水，雨刮电机持续低速刮水（当前雨刮开关置于 OFF 挡，如果洗涤器开关被按压大于等于 300 ms 时，则雨刮低速运转，释放开关后，前雨刮运转 2 周期，间隔 6 s 后，再工作一个周期。当前雨刮开关置于间歇挡，如果前洗涤器开关被按压大于等于 300 ms 时，则前雨刮低速运转，释放开关后，前雨刮运转 2 周期，间隔 6 s 后，再恢复到间歇运行。当前雨刮开关处于高速挡或低速挡，按压洗涤开关大于等于 300 ms，雨刮仍然高速或低速运行。当洗涤器开关接通时间小于 300 ms 时，雨刮电机不动作）。

后雨刮 ON 挡：电源 IG2 电流通过仪表台保险丝盒中的 DF01 号保险丝供电至后雨刮电机的 3 号针脚。雨刮组合开关的 2 号针脚和 5 号针脚导通，提供后雨刮电机开启信号至 BCM C09 号针脚，BCM 通过 B10 号针脚控制后雨刮电机的 1 号针脚间隙搭铁，雨刮处于间隙运转状态。

后雨刮洗涤：电源 IG2 电流通过仪表台保险丝盒中的 DF01 号保险丝供电至后洗涤电机的 1 号针脚。雨刮组合开关的 3 号针脚和 5 号针脚导通，后洗涤电机 2 号针脚经过雨刮开关 3 号针脚通过 G101 接地同时提供后洗涤电机开启信号至 BCM G32 号针脚，洗涤电机持续喷水。

课堂笔记

后雨刮 OFF 挡:所有针脚都断开,电机未回位,电机内部两个弹片导通,电源 IG2 电流通过仪表台保险丝盒中的 DF01 号保险丝供电至后雨刮电机的 3 号针脚连接电机一个电刷,电机另一个电刷经电机内部两个弹片后通过 G205 接地,电机运行至回位。

后雨刮喷水刮水挡:雨刮开关 2 号针脚、3 号针脚和 5 号针脚互相导通,BCM 同时接收到喷水和刮水信号,后洗涤持续喷水,后雨刮连续运转,释放开关后,后雨刮连续工作 3 个周期,并在间隔 6 s 后再工作 1 个周期。

保险位置如图 3.17 所示。

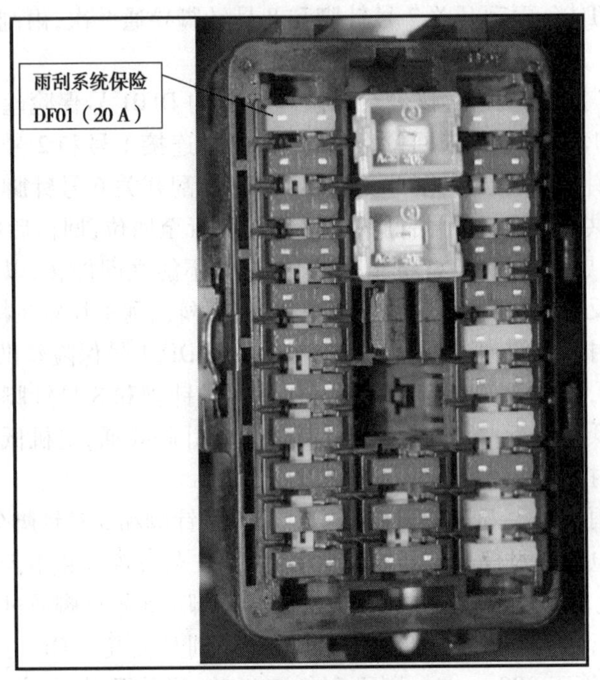

图 3.17　保险位置

各插接件针脚位置如图 3.18 所示,针脚定义见表 3.6。

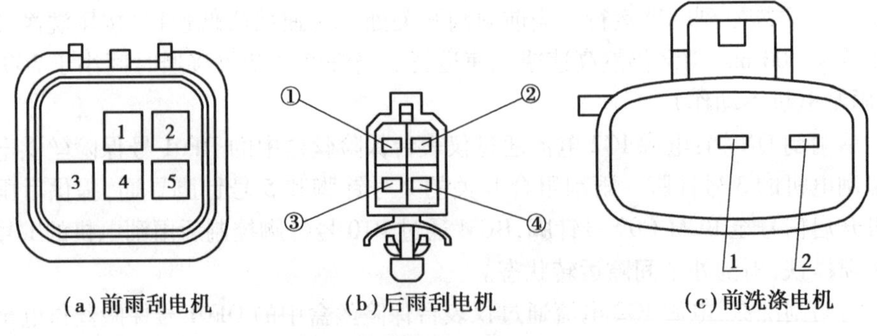

图 3.18　插接件针脚位置图

表 3.6　各插接件针脚定义

部件名称	引脚	功能	对应导线颜色
前雨刮电机	1	常电	G
	2	回位	BL/W
	3	接地	B
	4	高速	BL/R
	5	低速	BL
后雨刮电机	1	空置	—
	2	回位(接地)	B
	3	负极	G
	4	工作	BL/Y
前洗涤电机	1	正极	G
	2	负极	G/Y

四、检测方法

雨刮系统线路检查方法及故障诊断流程,如图 3.19 所示。

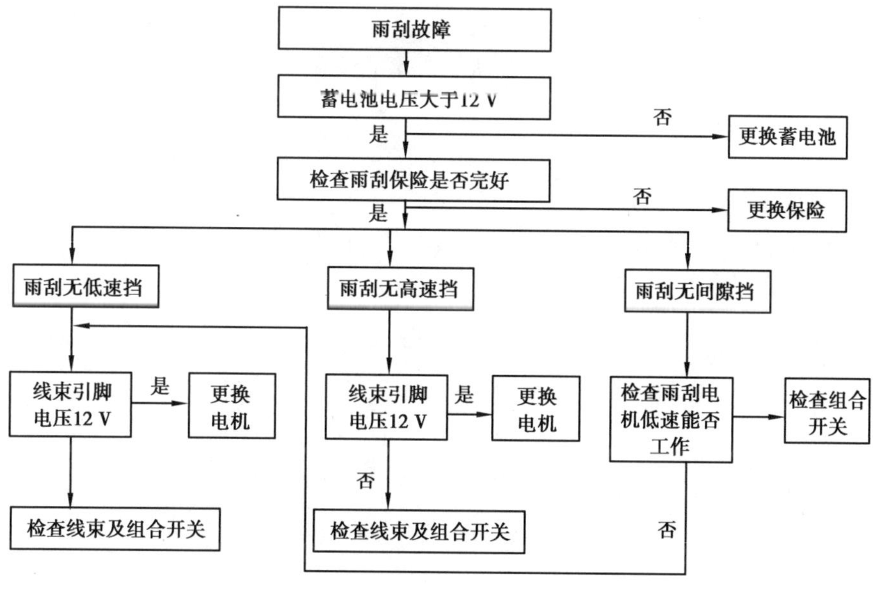

图 3.19　雨刮系统检查方法及故障诊断流程

五、技能训练

1.拆下雨刮组合开关,根据拆画的电路图检测其好坏,并记录检测结果,完成表 3.7。

课堂笔记

表 3.7　雨刮开关电路检测结果

挡位	所检测端子号	测量通断	是否正常
高速			
低速			

2.开关打到低速挡,找出前雨刮电机对应的端子,检测并记录结果,完成表3.8。

表 3.8　低速挡检测结果

挡位	所检测端子号	导线颜色	测量电压值	是否正常
接地端子				
常电端子				
回位端子				
低速端子				
高速端子				

任务七　仪表与娱乐系统

[目标]

➢ 理解仪表与娱乐系统控制原理及逻辑。

➢ 了解仪表与娱乐系统功能,能正确使用仪表与娱乐系统。

➢ 能判断和有效诊断仪表与娱乐系统的故障。

[资源]

➢ 设备:CX70 整车、万用表、试灯。

➢ 资料:CX70 配套电路图、维修手册。

课堂笔记

一、仪表与娱乐系统总览

（一）组合仪表总览

组合仪表如图 3.20 所示。

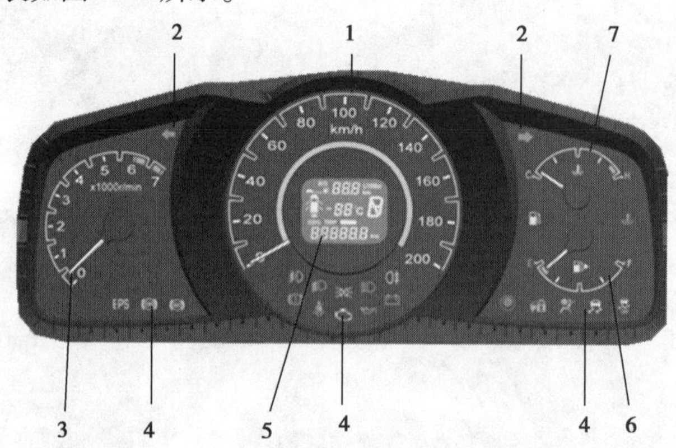

图 3.20　组合仪表

1—车速表；2—左右转向及紧急指示报警灯；3—转速表；4—指示灯；5—行车电脑：可续航里程、门开指示、车外温度、小计里程 A/B、累计里程；6—燃油表；7—水温表

（二）娱乐系统总览

1.UI 界面

英/西语中控显示屏 UI 界面，如图 3.21 所示。

图 3.21　UI 界面

高清晶彩数字屏，采用 1024×600 宽屏高分辨率晶彩数字屏，图像更清晰；专业数字图像处理芯片，使细节处理更细腻；全功能高灵敏触摸操作，使用简单、快捷。

2.主要按键功能

主机面板按键分长按和短按两种。短按是按下后 2 s 内松开，长按是按下时间为 2 s 以上。

①【🏠】主页：短按，进入主页。

②【】媒体播放：短按，进入媒体播放。

③【】音量调节：短按，音量减 1；长按，音量连续降低。

④【】开关机/关屏：短按，开机状态下，关屏；关机状态下，开机。长按，关机。

⑤【】音量调节：短按，音量加 1；长按，音量连续升高。

⑥【】蓝牙：短按，进入或退出蓝牙功能。

⑦【】静音：短按，静音。

二、仪表与娱乐系统功能介绍

娱乐系统主要功能：FM/AM 收音机功能；多媒体娱乐系统（支持蓝牙和 U 盘）；蓝牙免提系统；Wi-Fi 网络（豪华型）；新闻（豪华型）、天气（豪华型）功能；手机互联；可视倒车功能。

1.FM/AM 收音机功能

收音机功能，如图 3.22 所示。

①高灵敏收音接收模块，调频为 FM1/FM2/FM3，调幅为 AM。

②FM 波段可存储 18 个电台，AM 波段可存储 12 个电台。

2.多媒体娱乐播放

多媒体娱乐播放，如图 3.23 所示。

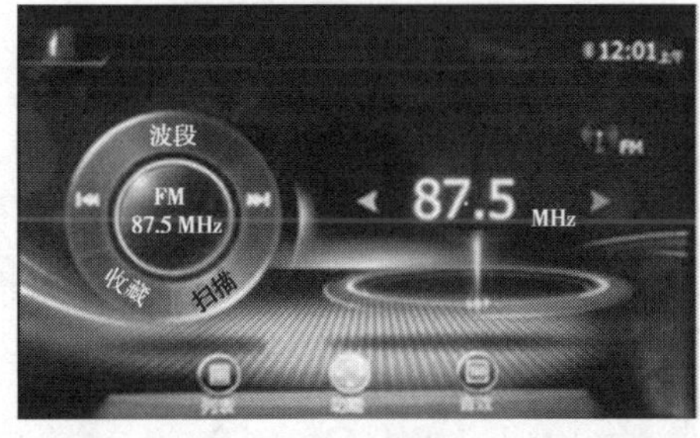

图 3.22　收音机功能

图 3.23　多媒体播放功能

①8 in（1 in≈2.54 cm）高清液晶数字显示屏。

②播放蓝牙音乐或 U 盘文件。

③通过多媒体功能查看歌曲、电影明细、自由选择。

④音乐文件格式：MP3、WMA。

⑤视频文件格式：MP4、AVI。

⑥图片文件格式：BMP、JPG、PNG、GIF。

3.蓝牙免提系统

蓝牙免提系统，如图 3.24 所示。

①内置蓝牙电话功能。

②电话同步。

③支持蓝牙音乐播放功能（蓝牙音乐在多媒体功能中选择蓝牙音乐播放）。

④可通过触摸屏拨号、接听、挂断、切换通话模式等。

⑤支持方向盘控制接听、拨号和挂断。

图 3.24　蓝牙免提功能

图 3.25　Wi-Fi 网络功能

4.Wi-Fi 网络

Wi-Fi 网络,如图 3.25 所示。

通过“设置—系统—网络”添加 Wi-Fi,联网后可以实现天气、新闻和手机互联等功能,此外,在“设置—辅助”中也可查看系统版本信息。

5.新闻、天气

通过“系统—设置”添加网络后,可查看新闻和全国城市天气信息,如图 3. 26 所示。

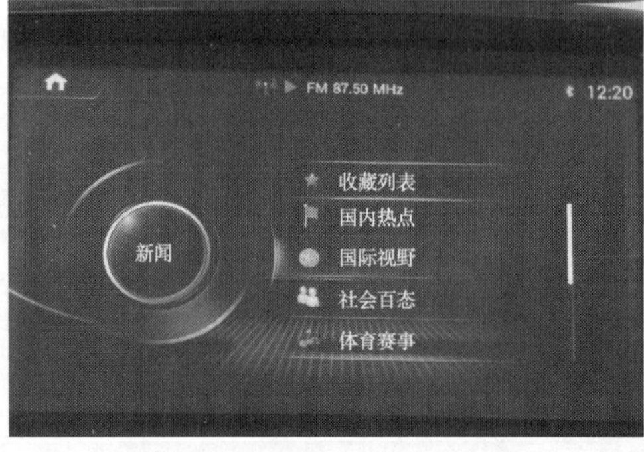

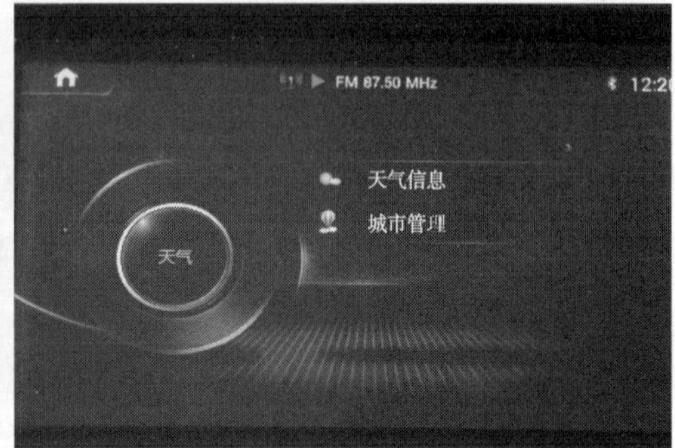

图 3.26　新闻、天气功能

6.手机互联

①通过 USB 数据线让手机和车机实现连接,点击“手机互联”图标后,手机上会弹出“是否允许使用 USB 调试”对话框,勾选“一律允许使用这台计算机进行调试”,选择“确定”。

②手机预先安装软件“CarMode”APP,点击进入 APP 后会显示“正在搜索设备”,如图 3.27(a)所示。

③搜索到目标手机后,打开手机 CarMode 软件,可进行相应的操作(如音乐、位置、拨打电话等),如图 3.27(b)所示。

7.可视倒车

对倒车安全区域一目了然,使倒车一步到位(不支持辅助倒车),如图 3.28 所示。

课堂笔记

(a)

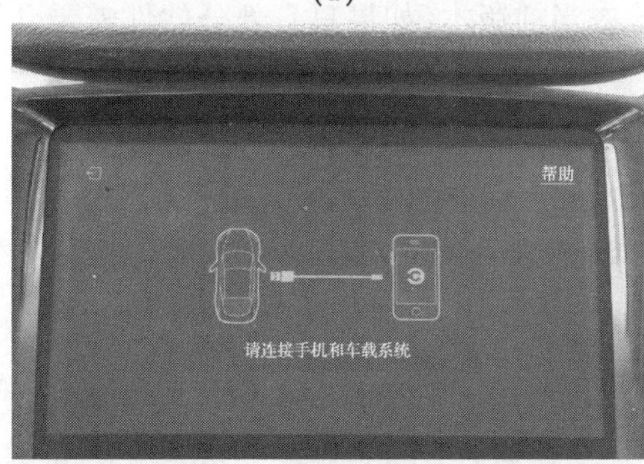

(b)

(c)

图 3.27　手机互联

图 3.28　可视倒车功能

课堂笔记

三、娱乐系统升级

(一)升级前概述

本书用于指导用户如何使用 U 盘对主机及外挂设备进行软件升级。升级对象包括主机 OS、MCU、APP。

①升级前请先检查本车机的软件版本(进入主界面,点击"设置—右下角辅助—版本号信息"),如图 3.29 所示。

②整个升级过程中请勿熄火。

③升级前请先检查当前版本,如果只有部分软件需要升级,则选择目标软件升级。

注意:

若用低配软件对高配主机进行升级,会导致主机无法工作。

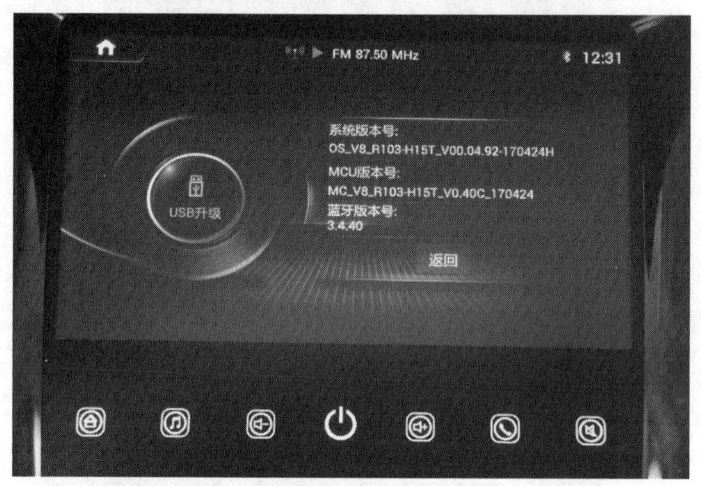

图 3.29　版本号信息

(二)软件下载

1.登录"产品软件升级远程下载服务系统"

①http://116.6.52.28:9000/Login.aspx,输入用户名:长安商用,密码:cahbs **103 后,点击"登录",如图 3.30(a)所示。

②登录"长安汽车"官网,直接进入下载页面下载相关的数据(舒适型为低配,豪华型为高配),如图 3.30(b)所示。

2.下载界面

在弹出的升级软件下载界面中,根据车型选择对应数据包,点击右侧的下载按钮后,完成数据包下载即可(图 3.31)。

课堂笔记

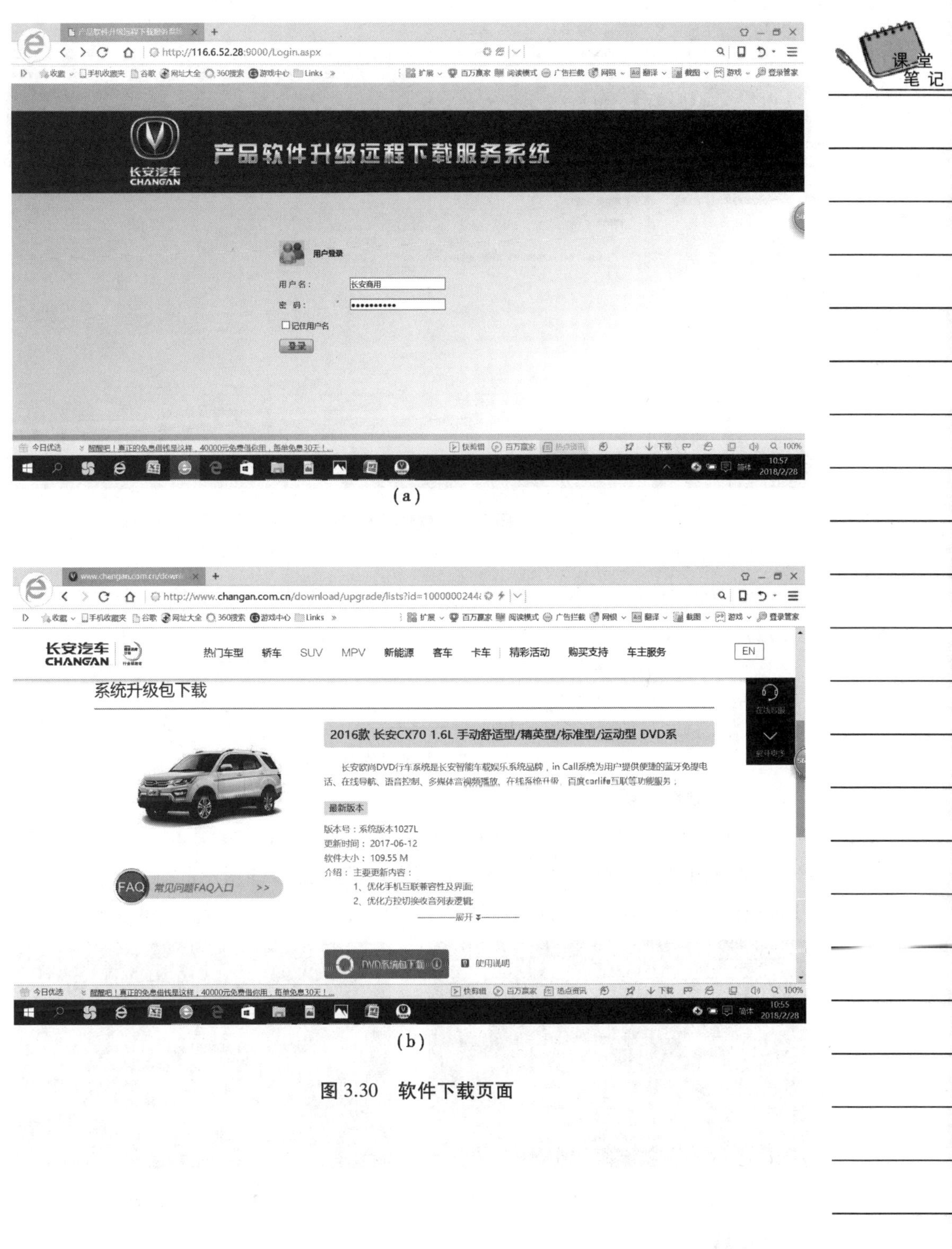

(a)

(b)

图 3.30　软件下载页面

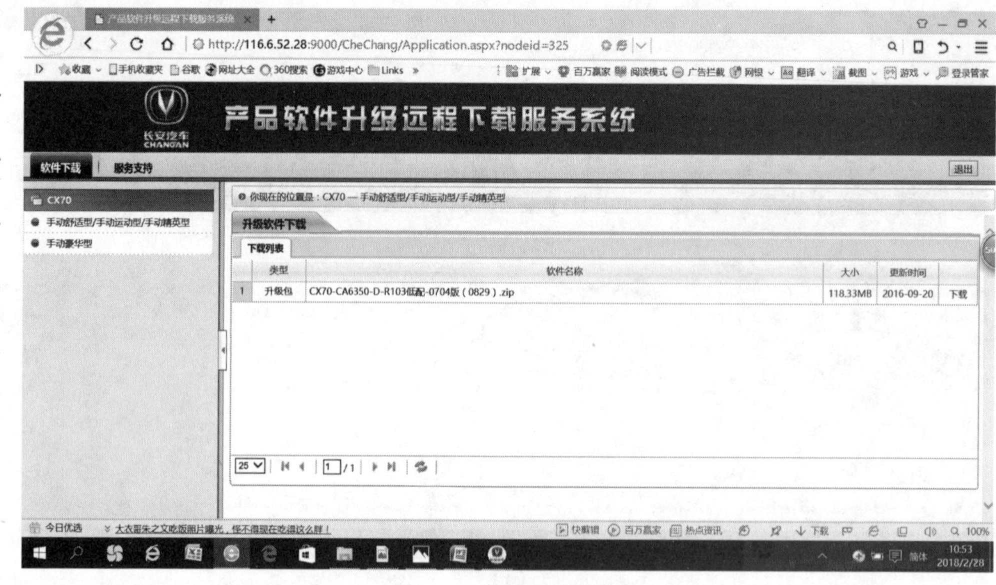

图 3.31　软件下载链接

3.数据文件

CX70 的压缩包下载后，数据包大小为 138 MB，共 20 个文件，6 个文件夹（图 3.32）。

名称	修改日期	类型	大小
SW_Update	2016/3/20 18:16	文件夹	
SW_Update_File	2016/3/20 18:16	文件夹	

图 3.32　数据文件

（三）软件升级

①钥匙处于 OFF 状态下，将 U 盘插入前排 USB 接口中。

②将钥匙转到 ACC 挡位，DVD 屏幕出现了如图 3.33 所示的画面，点击“Press Here to Update”，在弹出的对话框中点击“OK”，如图 3.34 所示。

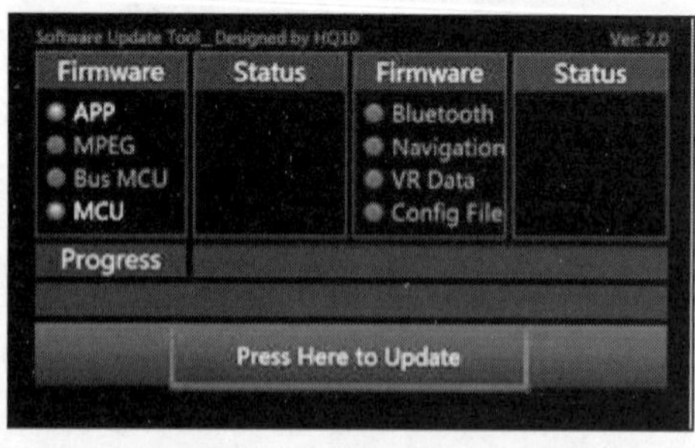

图 3.33　APP 和 MCU 升级界面

Update Process-CAUTION!

Please do not turn off the radio and do not remove the SD card during update. Press OK to start system firmware update

OK　Cancel

图 3.34　警示界面

注意：

升级过程中请勿断电及拔插 U 盘！

③点击“OK”后，目标项会自动开始升级，升级过程中进度条变化明显，等待升级自动完成即可。APP 升级如图 3.35 所示，MCU 升级如图 3.36 所示。

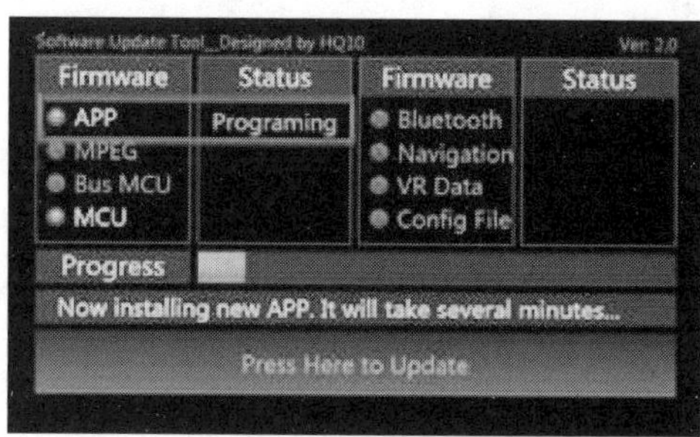

图 3.35　APP 升级

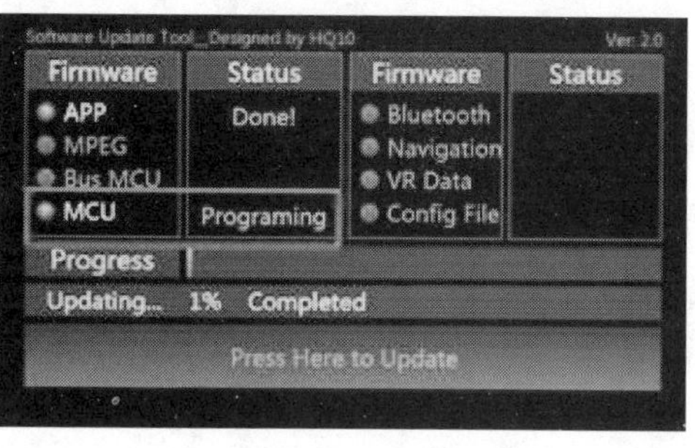

图 3.36　MCU 升级

④MCU 和 APP 升级完成后，主机将会自动重启。当主机界面出现开机 LOGO 时，拔掉 U 盘。如没有及时拔掉 U 盘，主机将会再次进入 MCU 和 APP 升级界面，此时再拔 U 盘，请将钥匙转回 OFF 挡位，再转到 ACC 挡，使 DVD 重新启动。

⑤DVD 重启后进入主界面，点击“设置”，如图 3.37 所示。进入设置界面后点击“系统”→“时间/日期”→“设置时间”，如图 3.38 所示。

图 3.37　点击“设置”

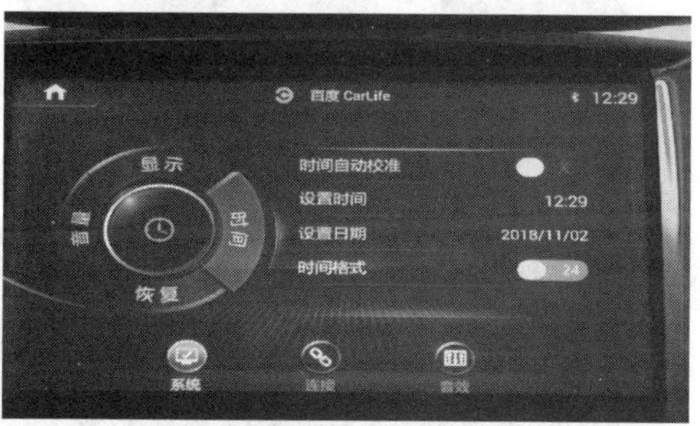

图 3.38　设置口期

⑥将日期设为“2018-11-2”，如图 3.39 所示。点击“确定”后，进入“工厂设置”，选择“系统固件升级”→“OS 升级”，如图 3.40 所示。

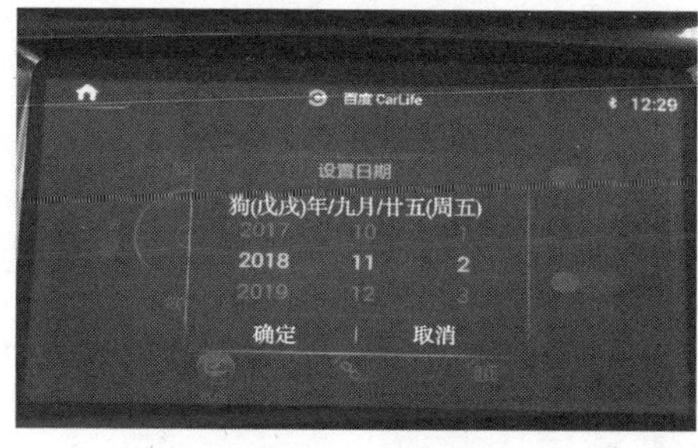

图 3.39　日期设置

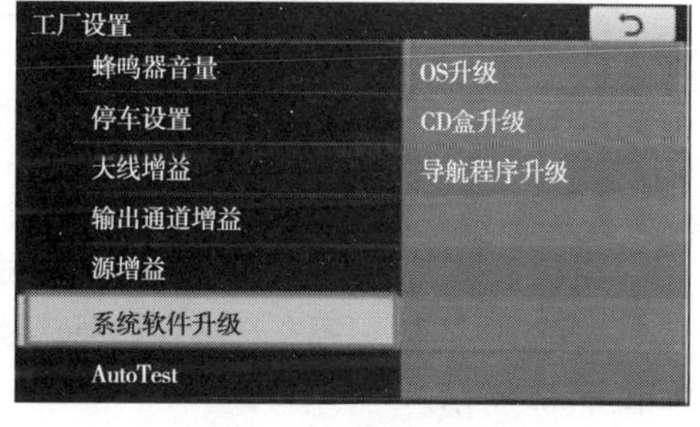

图 3.40　选择“OS 升级”

注意：升级过程中请勿断电及拔插 U 盘！

⑦选择“OS 升级”后，会弹出提示“请确保已将 OS 升级文件放入 U 盘指定目录！”，如图 3.41 所示，此时将 U 盘插入前排 USB 接口上，然后点击“下一步”。在弹出的 OS 升级对话框中，点击“确定”，如图 3.42 所示，等待升级完成即可。

⑧DVD 将自动重启。DVD 重启时，请立即拔掉 U 盘。若出现升级界面，请将钥匙转回 OFF 挡位，再转到 ACC 挡，使 DVD 重新启动。

课堂笔记

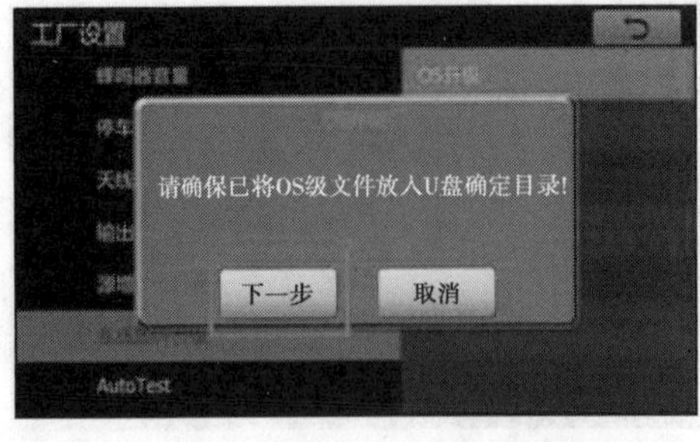

图 3.41　OS 升级提示

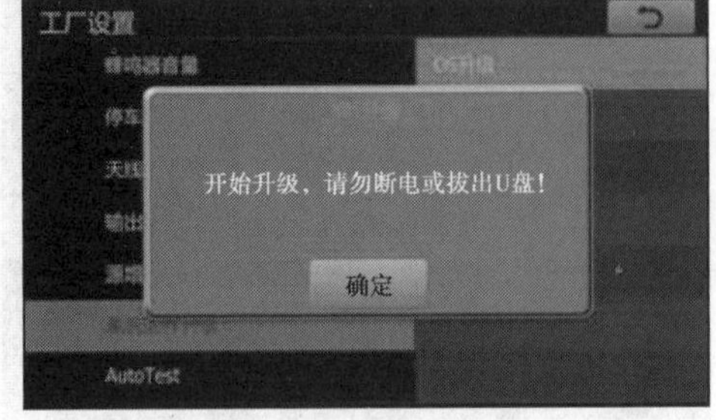

图 3.42　OS 升级

注意:升级完成后,若发现缺失 APP 或 Wi-Fi 功能时,请重新刷新高配软件。

⑨进入主界面,点击“设置”,选择“辅助”,再选择“版本号”后,可上下滑动查看软件版本号是不是已经完成更新,如图 3.43 所示。

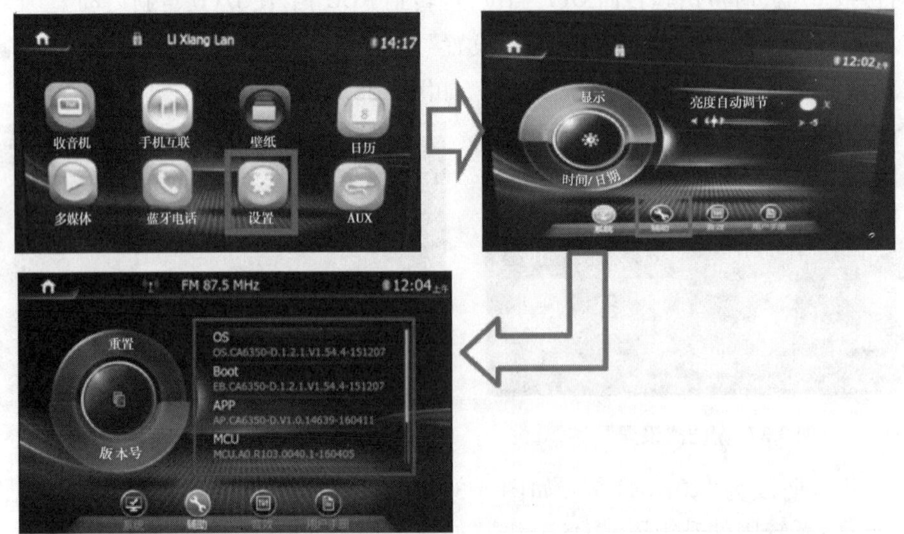

图 3.43　确定升级后的版本号

四、娱乐系统故障排除

1.主机不开机

主机整机无法工作,按键灯不亮等故障,其具体故障现象如图 3.44 所示。

排除方法:检测原车音响保险是否烧坏(主机保险为 10 A,屏幕保险为 5 A),如图 3.45 所示。

2.手机互联无法连接

①查看手机系统版本信息,是否存在兼容性列表中。

②检查手机连接线是否为原装数据线(数据线不能只单独支持通电功能)。

③确定手机开启开发者模式并开启 USB 调试。

④确定 CarMode 匹配,需要拥有权限,有部分手机管家会限制部分权限。

⑤在插入手机时,手机端弹出的选项,不能选择为仅通电模式,需要选择为“查看照片”或者“文件管理”(不同的手机,选项说明不一致)。

图 3.44　不开机画面

图 3.45　保险位置图

⑥手机必须安装 CarMode 软件，在弹出安装请求时必须选择“同意”安装。

⑦若手机的 CarMode 为其他车机旧版本时，则需要卸载 CarMode 软件和重新启动，并重新安装。

3.开机启动弹出错误对话框及触摸失效

当主机通电时，主界面弹出对话框或者触摸失效，如图 3.46 所示，可进行软件升级解决，如果升级无法解决，更换主机测试。

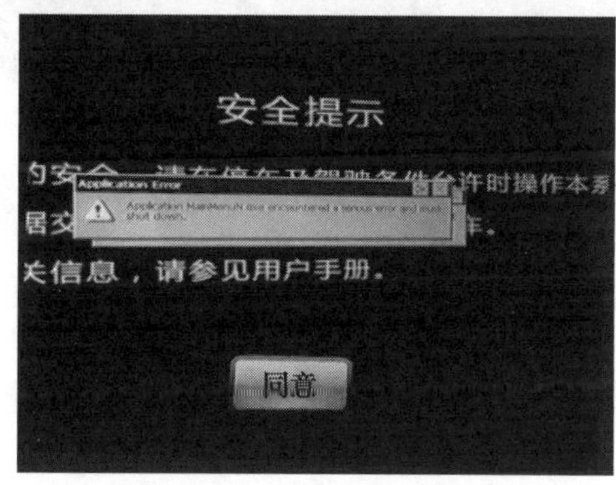

图 3.46　错误对话框及触摸失效

4.主机偶尔屏闪，偶尔性能不稳定

将主机拆开看是否有增加导航模块或者电子狗类似电子产品。如有安装存在一定干扰，将其断开再试；如没有干扰将用替代方法进行排除（通过换屏或换机后，观察现象是否存在），如图 3.47 所示为通过增加 LVDS 线束增加导航模块。

图 3.47　主机加装电子产品

任务八　安全气囊系统

[目标]

➢ 理解安全气囊系统控制原理及逻辑。
➢ 识别并说明安全气囊系统组成部件及功能。
➢ 掌握安全气囊系统安全操作注意事项。
➢ 运用安全气囊系统的知识和检测方法,有效地诊断该系统的故障。

[资源]

➢ 设备:CX70 整车、诊断仪。
➢ 资料:CX70 配套电路图、维修手册。

一、功能

汽车安全气囊(AIR BAG)是指撞车时在乘员产生二次碰撞前,使气囊膨胀保护乘员的装置,它作为座椅安全带的乘员约束装置的辅助装置,被称为安全气囊系统(Supplemental Restraint System,SRS)。

CX70 安全气囊系统包括安全气囊控制器、驾驶座安全气囊、副驾驶座安全气囊。

在发生碰撞时,传感器将碰撞信号发送给气囊控制器,气囊控制器能根据碰撞的程度判断是否达到安全气囊起爆的最低要求,然后发出点火指令,引爆安全气囊,迅速在乘员和车内结构件(如方向盘、仪表板等)之间形成一个充满气体的柔软气袋,通过气袋的排气阻尼作用缓和冲击并吸收碰撞能量,达到减轻乘员伤害程度的目的。

二、结构及组成

(一)正面安全气囊

①驾驶座安全气囊总成。驾驶座安全气囊安装在方向盘内,气囊装饰盖上有“AIR BAG”标识,如图 3.48 所示。

②副驾驶座安全气囊总成。副驾驶座安全气囊安装在手套箱上方仪表板内,气囊装饰盖上刻有“AIR BAG”标识,如图 3.49 所示。

③安全气囊由引信装置、火药(气体发生器)、气袋、支架等组成。

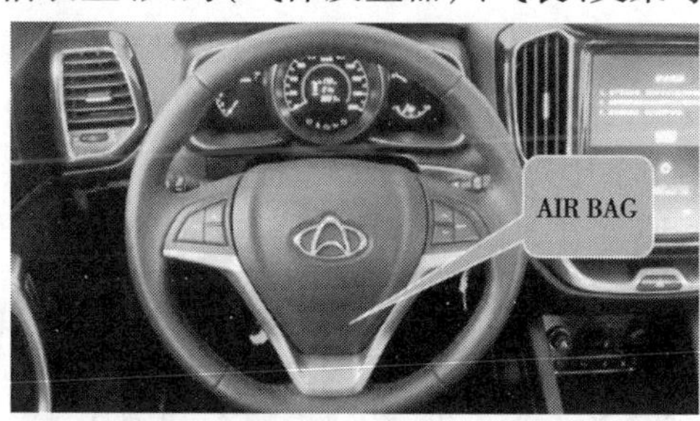

图 3.48　驾驶座安全气囊总成

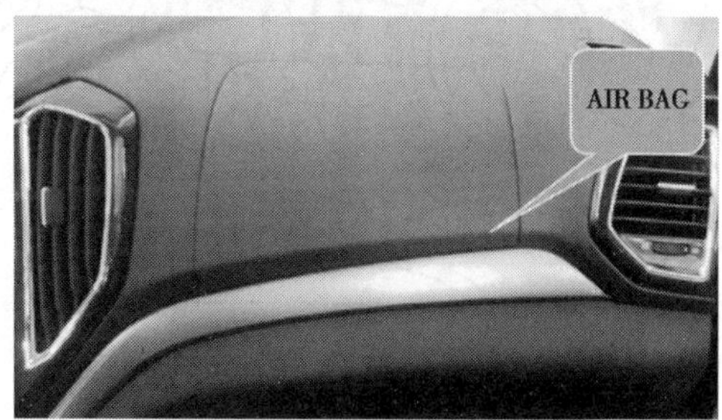

图 3.49　副驾驶座安全气囊总成

注意:

①安全气囊是一次性的,燃爆后必须更换。

②气囊的故障只能使用诊断仪进行检测。

课堂笔记

③拆卸任何一个气囊前一定要断开蓄电池负极，等待至少 1 min。在维修转向系统前拆下气囊和时钟弹簧一起存储好。

④即使电源切断，气囊控制器内部的电容也可为气囊系统提供储备能量。

⑤不得私自改装、取下、敲击或打开安全系统组件或拆掉、损坏接线，否则将造成安全气囊系统突然工作或失去作用。

⑥安装之后务必仔细检查所有的接插件是否接插到位，如果出现短接、虚接、搭线等情况会造成安全气囊系统电路突然起爆。

（二）安全气囊控制器

作用：连续监控气囊系统各部件；记录监测到的故障；点亮故障警告灯；与诊断工具通信。

安装位置：气囊控制器安装在中控箱下面的中央通道地板上、手刹和换挡之间。它含有正碰传感器，能够感知正面碰撞信号。气囊控制器实施监控整个气囊系统，如图 3.50 所示。

图 3.50　安全气囊控制器

注意：

①如果安全气囊警示灯常亮，则必须对气囊系统进行检修。

②安全气囊控制器必须轻拿轻放，装配时应注意避免磕碰，且不允许私自拆开控制器壳体。

③安全气囊控制器上标有朝前的箭头，必须按照正确的安装方向进行安装。

（三）时钟弹簧

时钟弹簧安装在组合开关基座上，是一种电器旋转连接器，除了连接主气囊外，还传递方向盘上喇叭等开关的电信号，可随方向盘回复旋转，如图 3.51 所示。

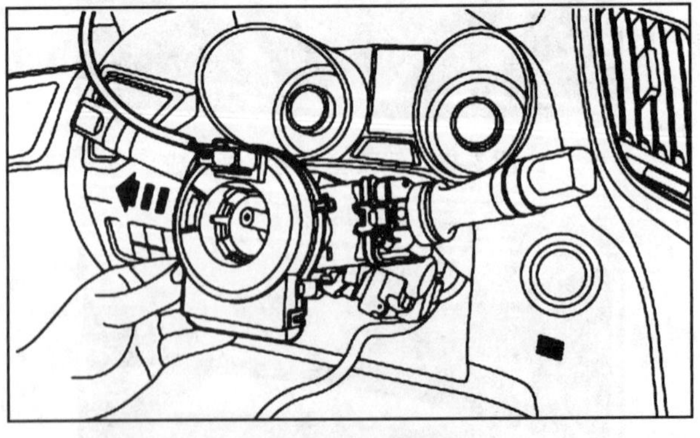
图 3.51　时钟弹簧

注意：

①转动方向盘超过 3.25 圈可能会损坏时钟弹簧。

②分解时钟弹簧可能会引起意外伤害，如果气囊已引爆则时钟弹簧必须更换。

时钟弹簧的拆卸/更换：拆卸和更换时钟弹簧时，一定要检查线圈和方向盘的位置是否居中。

注意：

为了确保中间位置，慢慢转动线圈直到感觉有阻力，然后回转3.25圈对准中间标记。

(四)安全气囊指示灯

整车电源处于ON挡时，安全气囊指示灯点亮3~6 s后熄灭。在正常工作状态下，安全气囊指示灯处于熄灭状态(图3.52)。

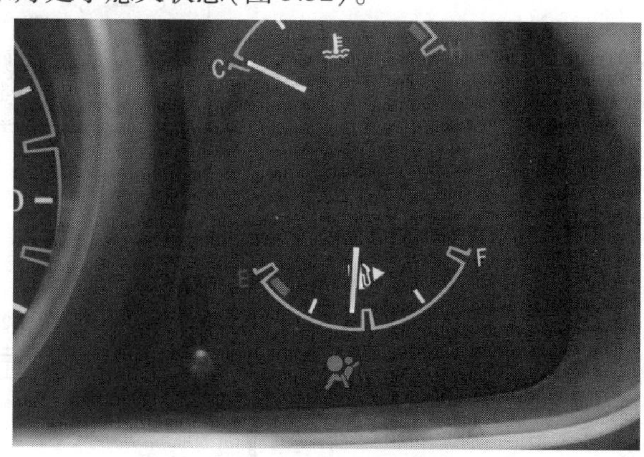

图3.52　安全气囊指示灯

三、基本原理

(一)安全气囊展开条件

安全气囊展开条件，如图3.53所示，其展开示意图如图3.54所示。

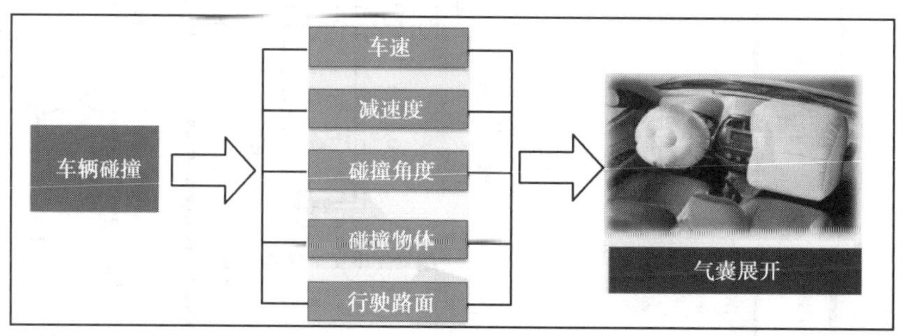

图3.53　安全气囊展开条件

(二)安全气囊电路原理图

安全气囊电路原理图，如图3.55所示。

点火开关打到"ON"，IG1经过仪表台板保险盒5号保险连接安全气囊模块1号端子向安全气囊模块供电，安全气囊模块16号端子接地。

安全气囊模块3号和4号端子分别连接时钟弹簧B7和B8号端子，再通过时钟弹簧A7和A8端子与驾驶员安全气囊连接，传送点火信号。

安全气囊模块5号和6号端子与副驾驶座安全气囊连接，传送点火信号。

安全气囊模块2号和17号端子连接CAN总线，进行数据通信。

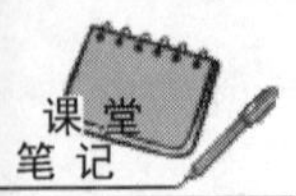

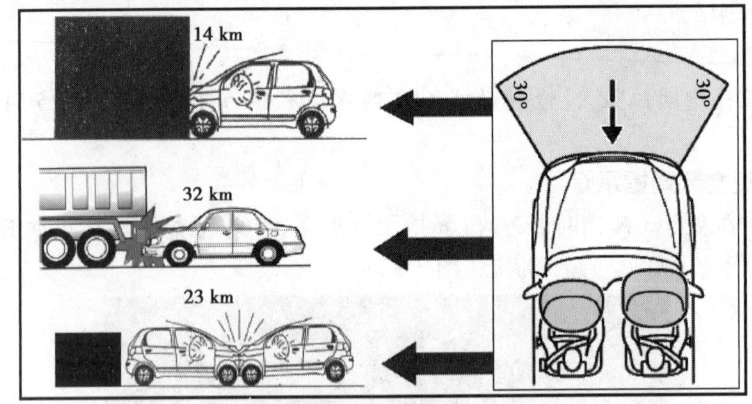

图 3.54　安全气囊展开示意图

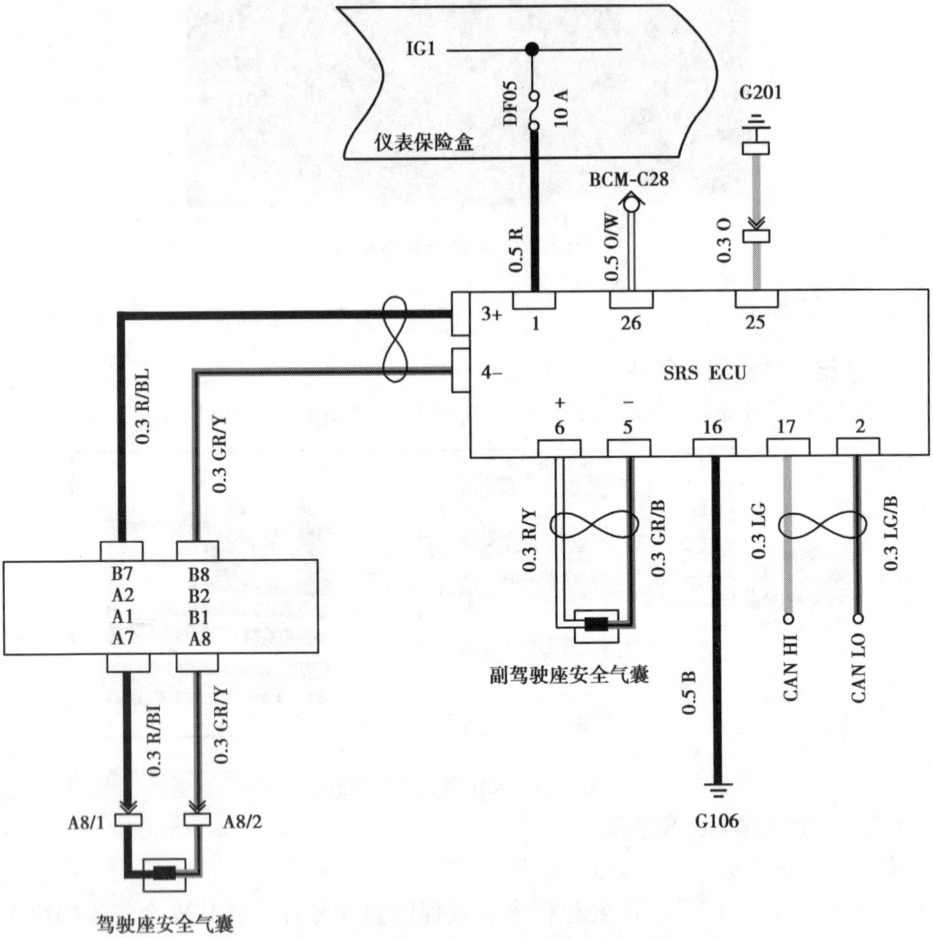

图 3.55　安全气囊电路原理图

安全气囊模块 25 号端子接收安全带开关信号。

安全气囊模块 26 号端子向 BCM C28 号端子传送气囊引爆信号，BCM 发出解锁、应急灯闪烁等信号。

四、安全气囊系统故障排除与检修

发现警告灯常亮或安全带未系提醒工作不正常，必须立即进行检修。

（一）诊断流程

1.检查与确认

①确认顾客问题。

②目视检查（表3.9）是否有明显的机械或电气损坏痕迹。

表3.9　目视检查表

机械部分	电气部分
安全气囊	线束
气囊控制器	接插件

③目视和手动检查线束接插件是否接插可靠、正负是否接反。

④如果所观察或提出的问题是明显原因，则在进行下一步之前，必须先将此原因改正。

⑤如果问题无法明显的发现，则用诊断仪来诊断系统。

2.诊断仪诊断步骤

通过诊断仪读取气囊控制器中存储的故障代码，定位故障位置与原因，进行检修，步骤见表3.10。

表3.10　诊断仪诊断步骤

序　号	步　骤
1	警告灯不正常
2	连接诊断仪
3	读取故障码
4	处理故障
5	清除故障码

注意：在故障排除之后，必须进行故障清除操作。

（二）气囊系统维修注意事项

气囊系统维修注意事项，如图3.56所示。

（三）SRS安全气囊配置

安全气囊经过维修后，需进行配置。

①确认每个安全气囊装配到位，确认安全气囊控制器装配到位，确认安全气囊、安全气囊控制器和预警安全带接插件装配到位。

②利用诊断仪操作安全气囊配置及复位。

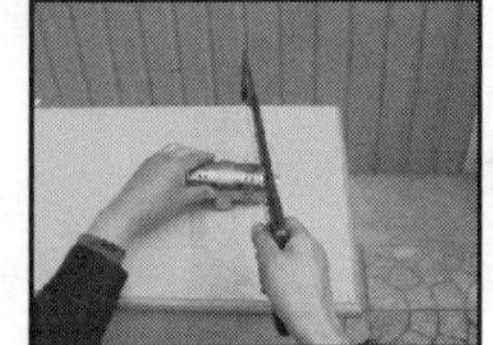

①禁止破坏气体发生器。

②禁止拖曳线束。

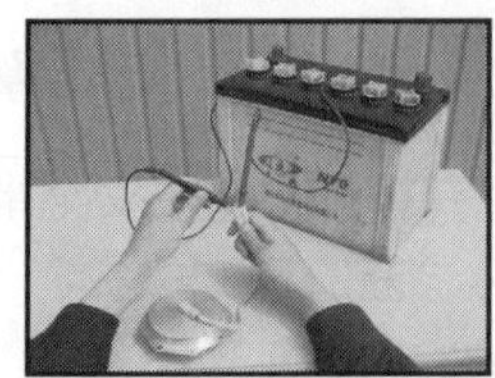

③禁止对安全气囊总成或气体发生器通电。

④禁止如此搬运安全气囊总成。

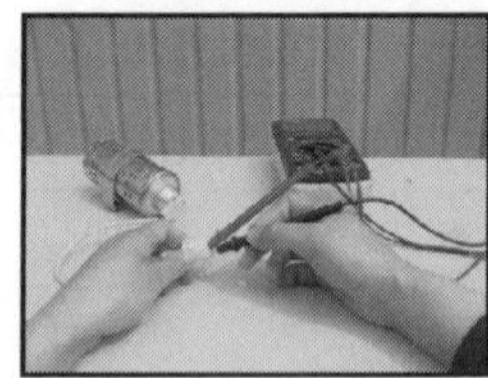

⑤禁止如此测量接插件或对接插件通电。

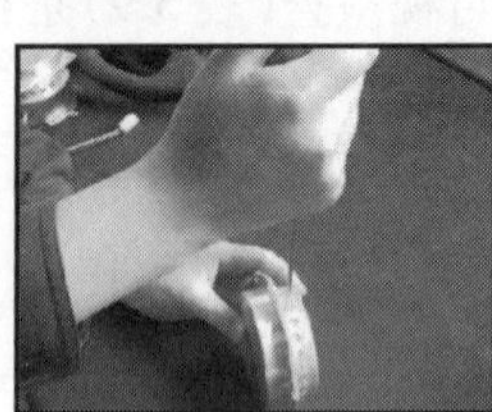

⑥禁止切割导线或破坏接线头。

⑦禁止在气囊总成正面放置异物。

⑧禁止气囊总成的端面向下放置。

⑨禁止接触水或其他液体。

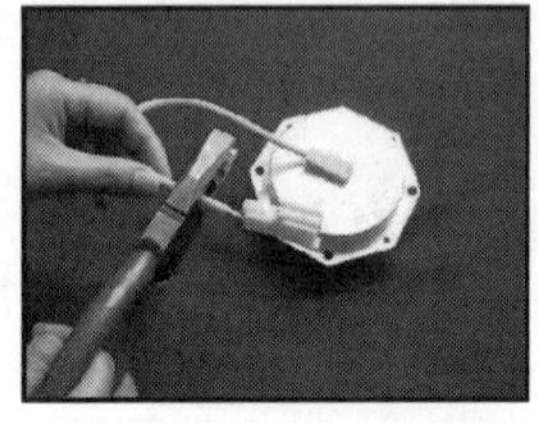

⑩禁止切割导线或破坏接线头。

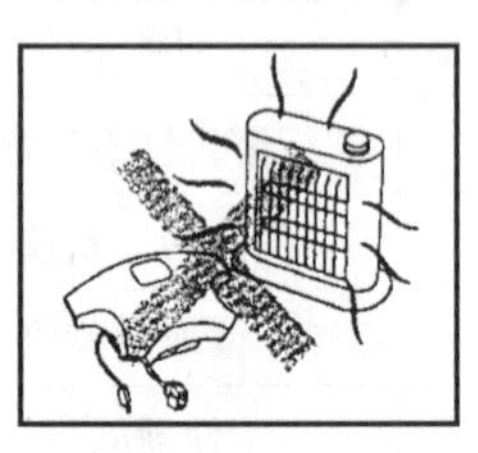

⑪禁止靠近高温热源。

⑫禁止将气囊从高处跌落。

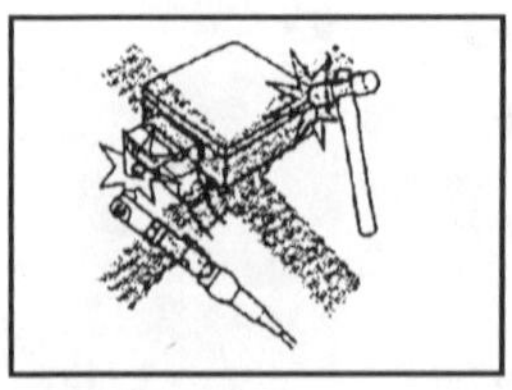

⑬禁止使用扳手或锤子敲击控制器。

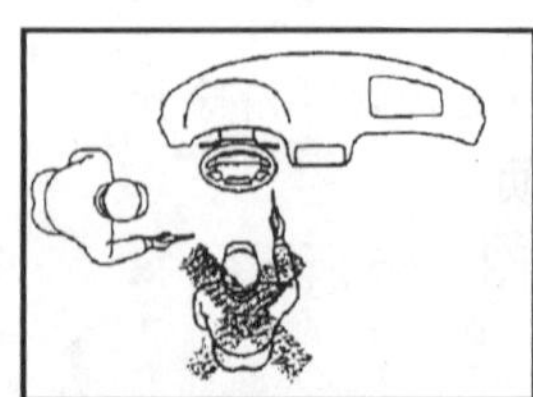

⑭拆卸更换过程中，禁止正面朝向气囊。

图 3.56　气囊系统维修注意事项

任务九　空调系统

[目标]

➢ 能理解空调制冷系统的工作原理,并对系统内部压力进行检查和分析,判断故障位置和原因。
➢ 能按照企业的标准规范对系统部件进行拆装或更换。
➢ 能使用常用工具对空调控制系统进行检查和维护。
➢ 能根据故障现象和检查项目,对空调控制系统的故障进行分析和排除。

[资源]

➢ 设备:CX70 整车、万用表、试灯、氟表、真空泵、制冷剂回收装置。
➢ 资料:CX70 配套电路图、维修手册。

课堂笔记

一、组成和工作原理

1.空调系统的组成

空调系统主要由制冷装置、通风装置、供暖装置、控制装置和空气净化装置组成。

根据空调系统的组成结构特点,对空调系统的故障,应分区域进行检查,具体分析如图 3.57 所示。

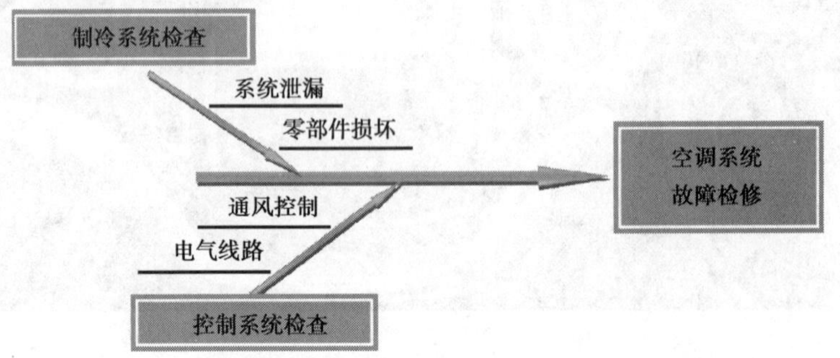

图 3.57 空调系统故障分析图

CX70 空调系统的故障诊断与维修主要是通过制冷系统和控制系统来进行的。

2.空调制冷系统的工作原理

空调制冷系统主要由压缩机、冷凝器、膨胀阀、蒸发箱、鼓风机和散热风扇等组成,如图 3.58(a)所示。

空调制冷系统工作原理,如图 3.58(b)所示。

①压缩机将蒸发箱内部吸收了大量热量的制冷剂抽走,并使蒸发箱内部变为低压低温区。

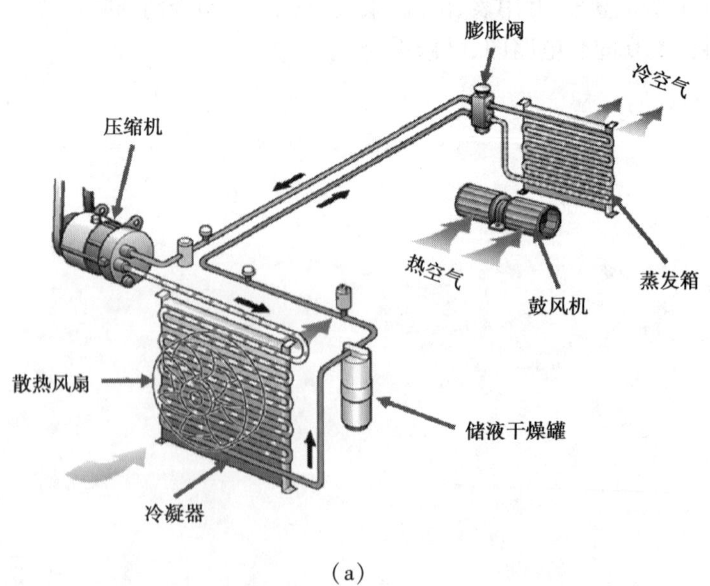

(a)

课堂笔记

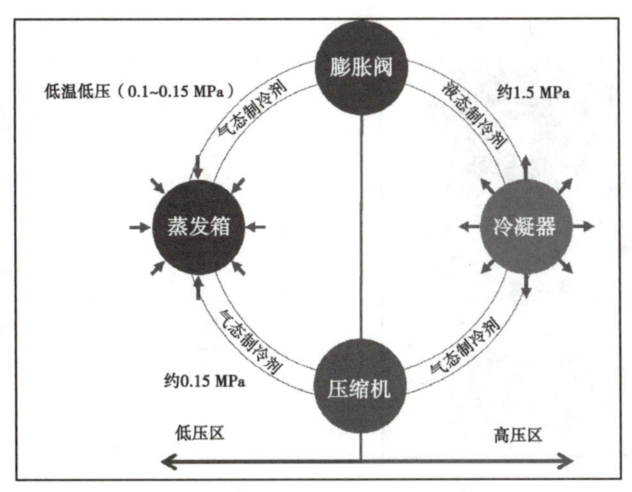

（b）

图 3.58　空调制冷系统工作原理图

②经过压缩机压缩的制冷剂变为高压高温的气态制冷剂流入冷凝器中，在冷凝器中进行降温降压，使制冷剂变为液态或气液混合状态的制冷剂，流入储液干燥罐中储存并去除水分；液态制冷剂随系统继续循环流至膨胀阀。

③由于受到膨胀阀的节流限制，只有少量制冷剂通过膨胀阀，此时，由于压力突然降低，制冷剂开始蒸发并流入蒸发箱。

④流入蒸发箱的制冷剂继续蒸发，并吸收蒸发箱周围空气的热量，然后再次被压缩机吸入。

由工作原理可知，当空调制冷系统运转时，压缩机不断地将制冷剂吸入冷凝器，同时膨胀阀又限制制冷剂流入蒸发箱，所以制冷系统中就形成了压缩机→冷凝器→储液干燥罐→膨胀阀的高压区和膨胀阀→蒸发箱→压缩机的低压区。

二、空调系统部件

1.CX70 空调控制面板及功能（图 3.59）

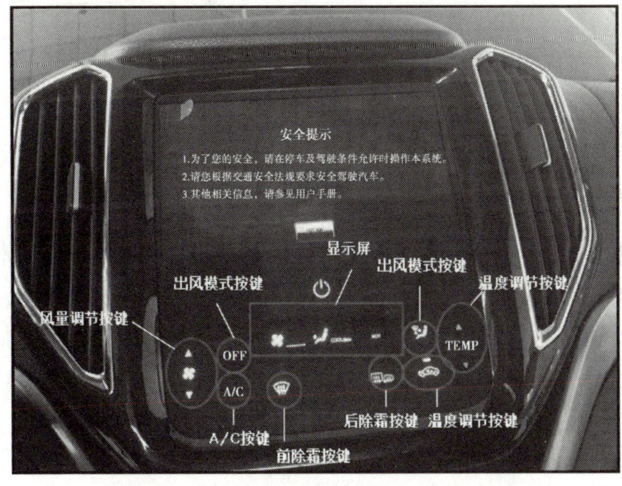

图 3.59　空调系统控制面板及功能说明图

2.CX70 空调压缩机(图 3.60)

压缩机形式及排量	
形式	旋叶式
排量	120 cc/r
使用润滑油	RFL-100×170 mL
离合器基本参数	
形式	6 槽多楔形
消耗功率	45 W
皮带形式	6 PK

图 3.60　压缩机实物图及参数

3.三态压力开关

CX70 空调压力开关属于三态压力开关(图 3.61),传送空调压力信号。

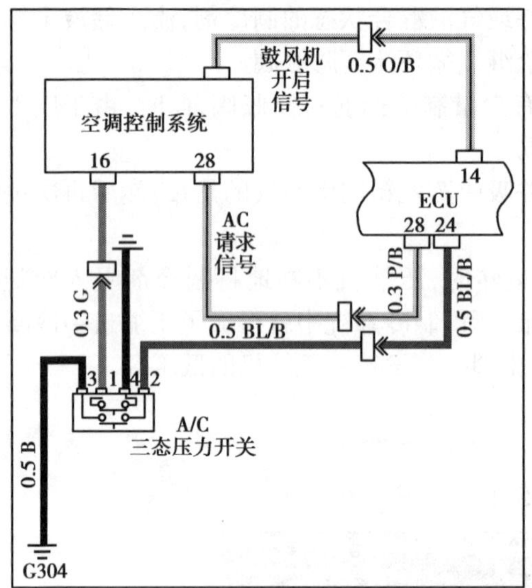

名称	压力值/MPa	信号值
高压开关	>3.0~3.4	切断
	≤2.4~2.8	恢复
低压开关	<0.18~0.22	切断
	≥0.21~0.25	恢复
高速散热风扇	≥1.51~1.53	接通
	<1.24~1.26	断开

图 3.61　三态压力开关控制原理图

三、基本原理

空调控制模块通过 CAN 总线跟 EMS 和 BCM 进行通信并获取相关信号,以及通过空调控制面板按钮开关、蒸发箱出口温度传感器和室外温度传感器的信号对鼓风机、HVAV 总成各模式电机进行控制。CX70 空调通信原理图,如图 3.62 所示。

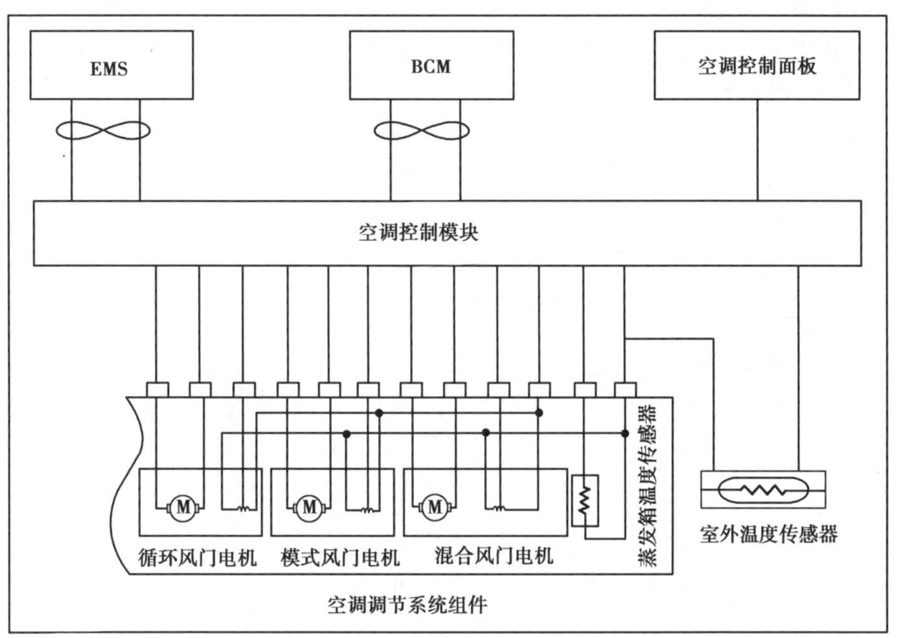

图 3.62　空调通信原理图

四、检测方法

1.检测空调制冷剂压力

①将高低压快速接头分别连接到空调制冷系统的高低压快速接口处(图 3.63)。

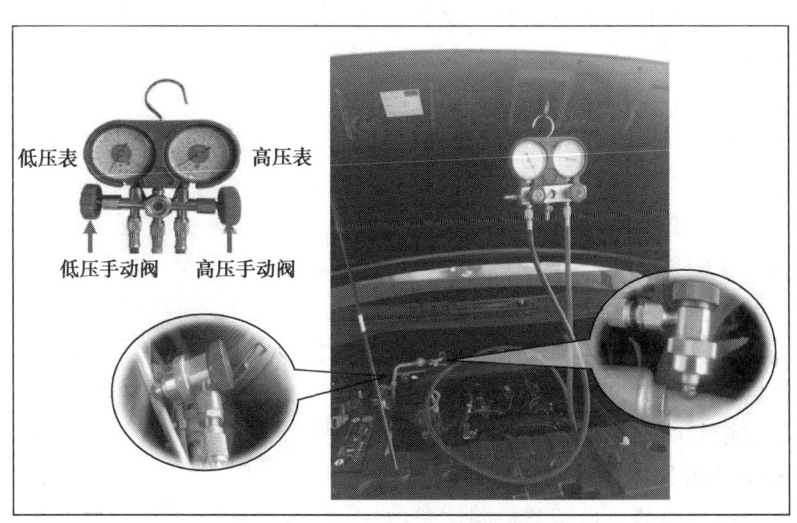

图 3.63　空调压力表连接图

②顺时针拧紧快速接头上方的旋钮。此时,高压表指示的是空调系统高压侧的静态压力,低压表指示的是低压侧的静态压力。

课堂笔记

③启动空调，维持发动机转速在 2 000 r/min 左右，把鼓风机开到最大挡，将温度调至最低，用空调压力表检测空调的高、低压力（高压压力标准值为 2.4~2.8 MPa，低压压力标准值为 0.21~0.25 MPa）。

注意：

连接空调压力表之前，要确保高低压手动阀处于关闭状态。

2.检测空调压缩机电路

CX70 压缩机电路原理，如图 3.64 所示。

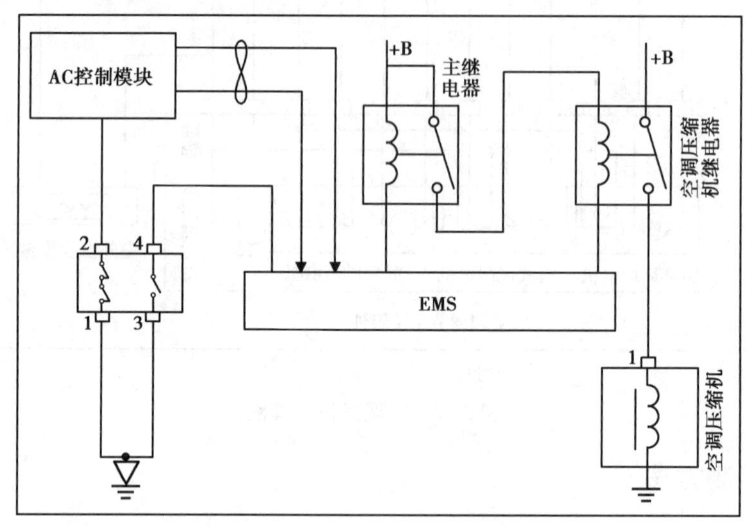

图 3.64 压缩机电路原理图

(1)电源电路的检测

检查空调压缩机的继电器和压缩机保险线路是否断路，保险是否烧毁。保险位置如图 3.65 所示。

(2)电磁离合器电阻检查

如图 3.66 所示，用万用表红表笔搭压缩机 1 号针脚，黑表笔接地，测量电阻值为 3 Ω 左右，如果小于 1 Ω 则短路。

3.检测鼓风机电路

根据图 3.67 进行以下检测：

(1)电源电路的检测

检查鼓风机的继电器和保险线路是否断路，保险是否烧毁。当发动机启动，打开点火钥匙，电源应为蓄电池电压，接地应为 0 V，若不是，检查电源。

(2)检测鼓风机调速模块

图 3.68 为鼓风机调速模块实物图和接口图。

检查调速模块的风量调节控制信号电压（棕线/绿线），随着 1~8 挡风速的递进，电压值从 6.8 V 左右逐渐减小到 0.35 V 左右。而调速模块反馈信号电压（蓝线）的电压值从 2.4 V 左右逐渐增加到 7.9 V 左右。如果其中一根信号线电压值不变，检查线束是否断开、空调控制器接口是否松动，如果都是好的，则更换调速模块。

课堂笔记

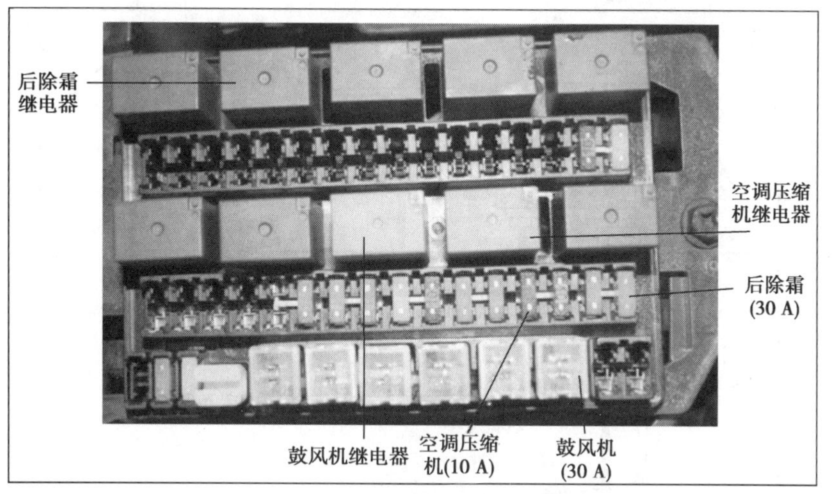

(a) 发动机舱保险盒

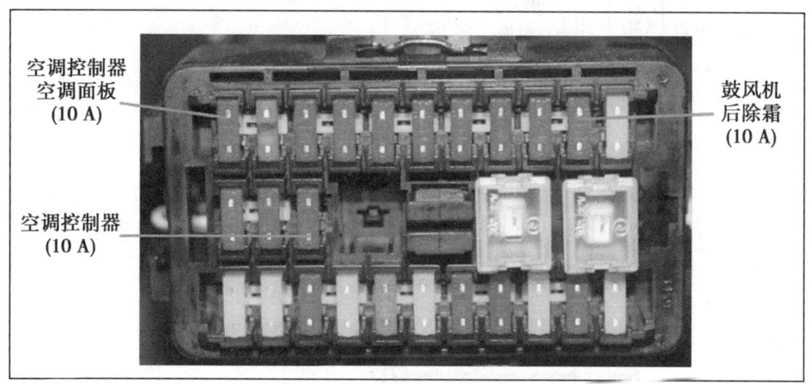

(b) 仪表保险盒

图 3.65　空调保险图

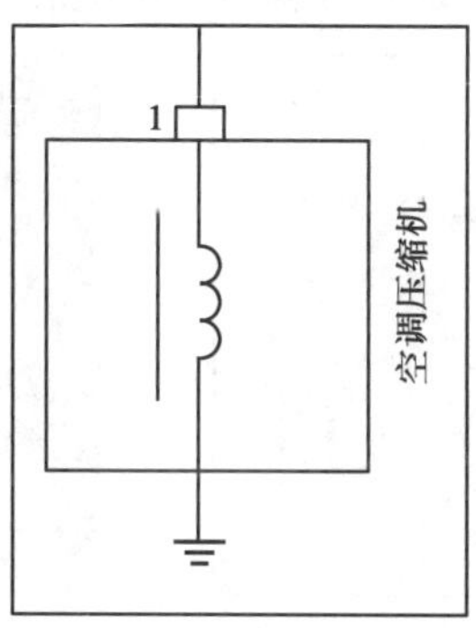

图 3.66　压缩机针脚图

4.检测空调各执行电机电路

CX70 电机控制模式为直流电机+位置传感器，空调控制器控制电机动作，电机带动混合门移动，同时也带动位置传感器的移动触点，空调控制器通过该信号的变化来给各风门定位。

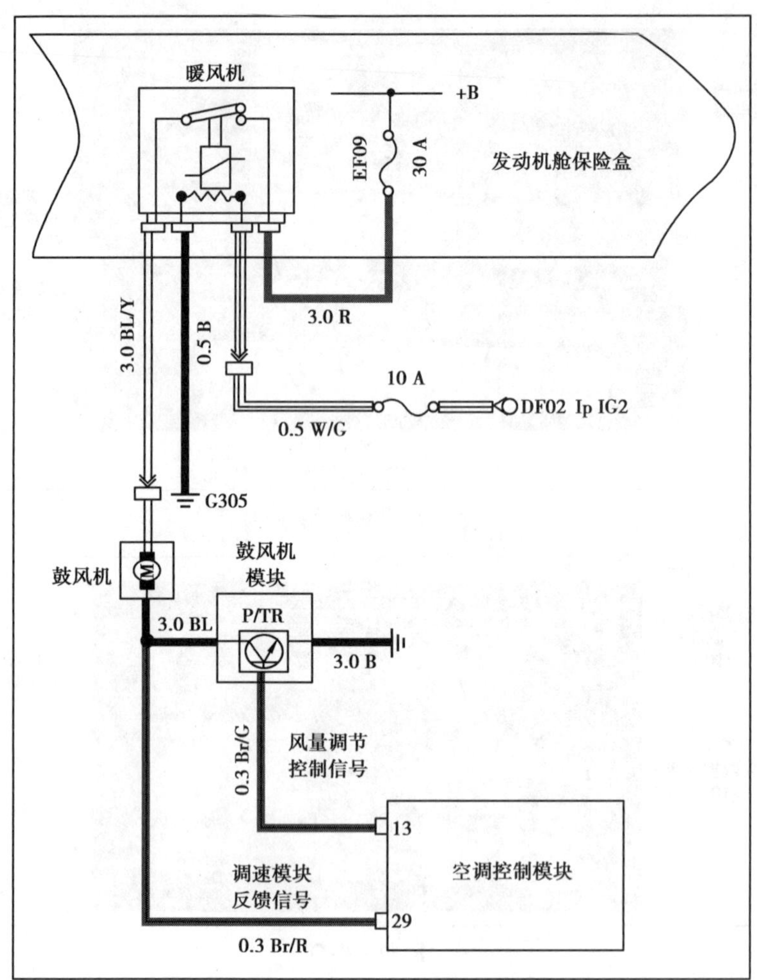

图 3.67　鼓风机控制电路图

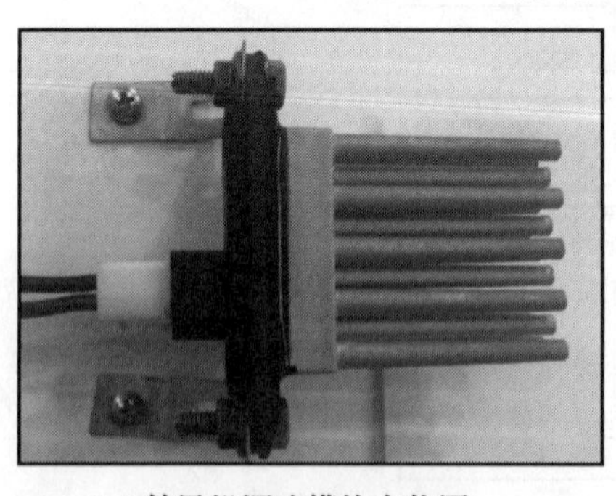

(a)鼓风机调速模块实物图

(b)鼓风机调速模块接口图

图 3.68　鼓风机调速模块实物图和接口图

(1)电源电路的检测

如图 3.69 所示,分别检查空调控制器 30 号针脚(5 V 电源)、15 号针脚(接地),如果不正常,检查空调控制器各电源、接地。

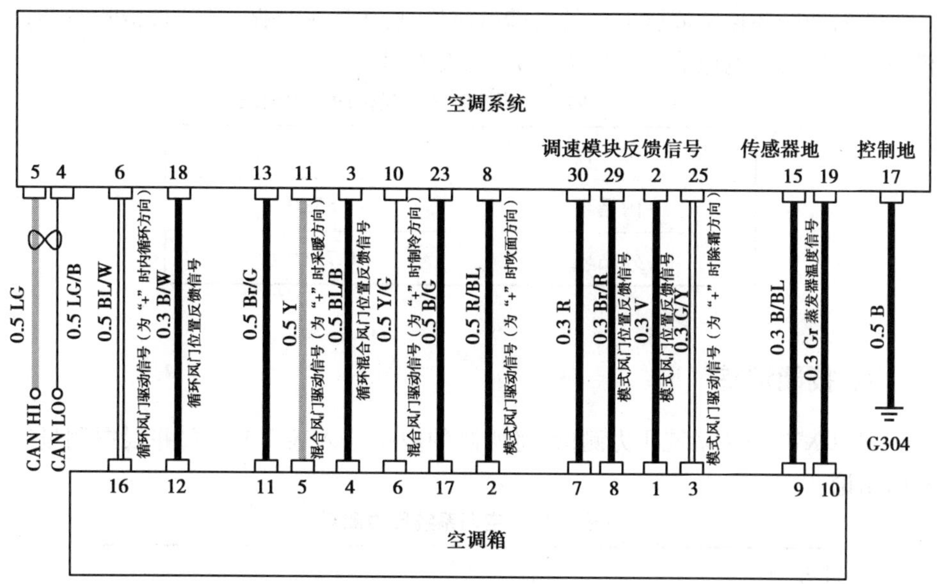

图 3.69　空调各执行电机电路图

(2)伺服电机的反馈电压检测

①模式控制伺服电机的反馈电压检测:转动模式控制旋钮,检测空调控制模块29号针脚,电压值应为检测标准,见表3.11。

表 3.11　模式控制伺服电机的反馈电压

位　置	反馈电压/V
吹面	0.48
吹面吹脚	1.25
吹脚	2.4
前除霜	4.4

②温度控制伺服电机的反馈电压检测:转动温度控制旋钮,检测空调控制模块3号针脚,电压值应为检测标准,见表3.12。

表 3.12　温度控制伺服电机的反馈电压

位　置	反馈电压/V
全冷	4.2
全暖	0.75

课堂笔记

③内外循环控制伺服电机的反馈电压检测:按压内外循环按钮,检测空调控制模块 18 号针脚,电压值应为检测标准,见表 3.13。

表 3.13　内外循环控制伺服电机的反馈电压

位　置	反馈电压/V
内循环	3.85±0.1
外循环	0.75±0.1

五、技能训练

(1)CX70 空调系统压力测量,将所测的数据记入表 3.14 中,并根据测量结果提出结论。

表 3.14　空调系统压力测量

车型:			
位置	标准值/MPa	实际值	是否合格
高压侧压力	2.4~2.8		
低压侧压力	0.21~0.25		

空调制冷剂压力:□正常/□不正常,诊断故障为____________________________

____

____

____。

(2)压缩机电磁离合器线路检查:

压缩机保险、继电器:□正常/□不正常

电磁离合器电阻:□正常/□不正常

压缩机线路性能良好:□是/□否,诊断故障为______________________________

____

____。

(3)鼓风机线路检查

将点火开关转到 ON 位置,从 1~8 挡依次旋转风量开关旋钮,看仪表板出风口风量是否依次增大。

如果有缺挡,先检查鼓风机开关,如果没有缺挡但异常,则检查鼓风机接插件是否接插到位,线束接插件是否退端子(表 3.15);结合鼓风机控制电路原理图,用万用表检查鼓风机电源、搭铁、风量控制信号和调整反馈信号是否正常。

表 3.15 鼓风机线路检查

项 目	电压值	是否合格
电源		
搭铁		
风量控制信号		
调整反馈信号		

鼓风机线路性能良好:□是/□否,诊断故障为____。

注意:

拆除暖通风机控制模块前应先拆卸蓄电池负极导线。

任务十　中控门锁及防盗系统

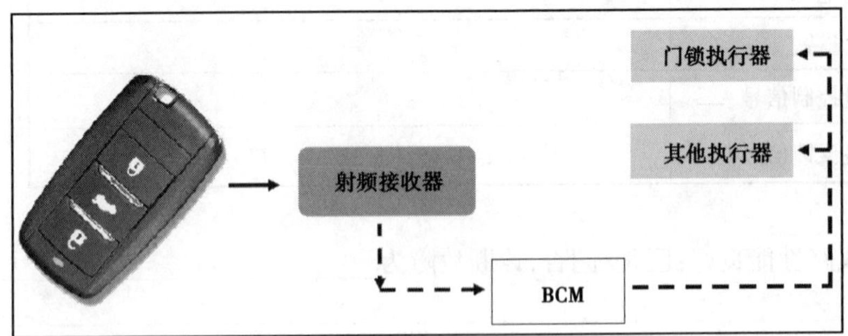

[目标]

➢ 识别并说明中控门锁及防盗系统组成部件和功能。
➢ 理解中控门锁及防盗系统控制原理和逻辑。
➢ 能判断和检测中控门锁及防盗系统的主要部件性能。
➢ 运用中控门锁及防盗系统的知识和有效的检测方法,诊断系统相关故障。

[资源]

➢ 设备:CX70 整车、万用表、试灯、诊断仪。
➢ 资料:CX70 配套电路图、维修手册。

一、功能

中央控制门锁系统,驾驶员可通过汽车遥控钥匙控制整车车门开关,即汽车上的车门门锁和行李箱锁实现了集中控制。

防盗系统可以达到防止车辆被盗、保护汽车的目的。

中央控制门锁和防盗系统的主要功能如下:

①车辆被非法进入后或开盖后的报警。

②车门、尾箱、车头盖、天窗、没关好或关好的提醒。

③正常的开锁或闭锁功能以及人离开后的自动上锁功能。

④车辆被撞击后的报警。

⑤晚上的寻车功能。

二、结构及组成

中央控制门锁及防盗系统主要由门控开关、BCM、车门锁块、遥控钥匙、防盗指示灯等组成(图 3.70)。

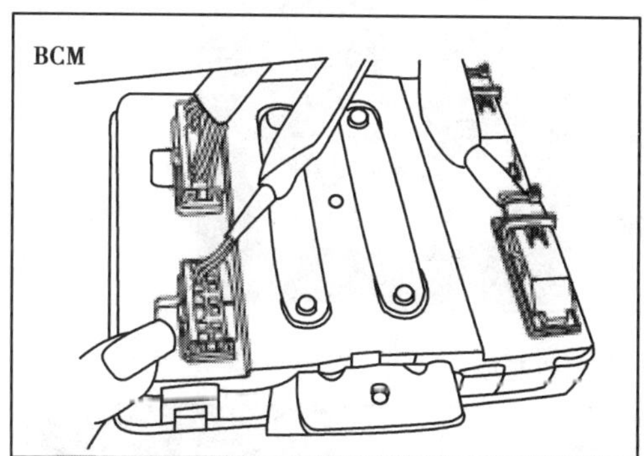

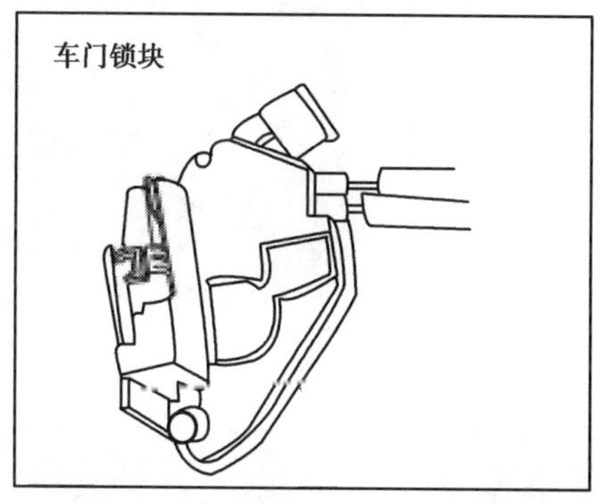

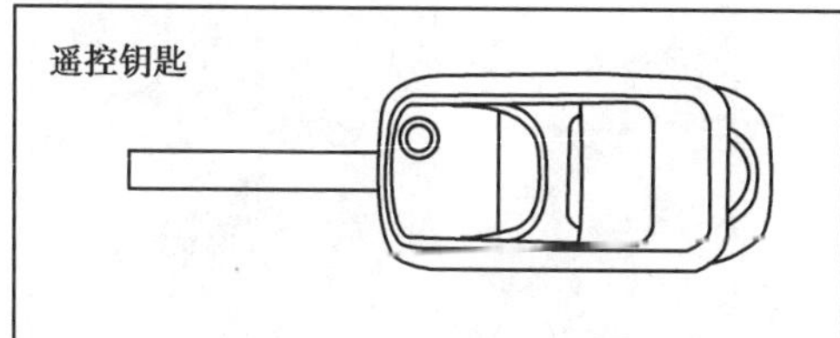

图 3.70　中央控制门锁及防盗系统的主要组成

1.门控开关

①门锁控制开关:安装在各个车门的扶手上。将开关推向前门是锁门,推向后门是开门。

②中央门锁开关:位于驾驶座车侧门,钥匙在左前门开关门锁或操作左前门拉手的锁止按钮开关,其他门会跟随做解锁/闭锁动作,转向灯不闪;中央门锁开关通过机械操作使左前门门锁电机内部的开关实现不同的接通,来控制其他门锁电机的工作。左前门门锁电机有 5 根导线,其他门锁电机只有 2 根导线。

③门关闭状态:按下 LOCK 开关时所有门都锁上(即使开关一直保持按下时的

课堂笔记

状态，遥控器也可以正常使用）；按下 UNLOCK 开关时所有车门开锁（即使开关一直保持按下时的状态，遥控器也可以正常使用）。

门打开状态时使用中控按钮先锁门，然后关门锁止按钮会立即自动弹回开门状态。

④遥控锁门操作：熄火后，且车门处于关闭状态时，每按一次遥控器"锁门"按钮，就执行锁门回应；车辆进入防盗状态，转向灯闪一次。

⑤遥控开门操作：熄火后，每按一次遥控器"开锁"按钮，就执行一次开锁动作回应；车辆解除防盗，转向灯闪两次。

2.门锁电机总成

门锁电机总成由可逆式电动机、传动装置及锁体总成构成。电动机带动传动装置驱动锁体总成，驱动车门的闭锁或开启，电机总成如图 3.71 所示，线束插头如图 3.72 所示。

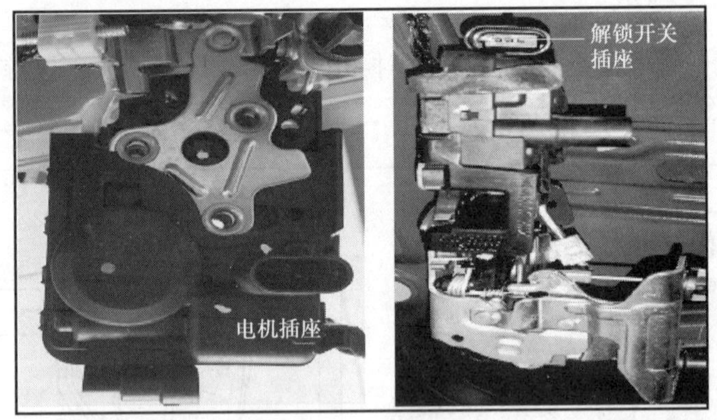

图 3.71 门锁电机总成

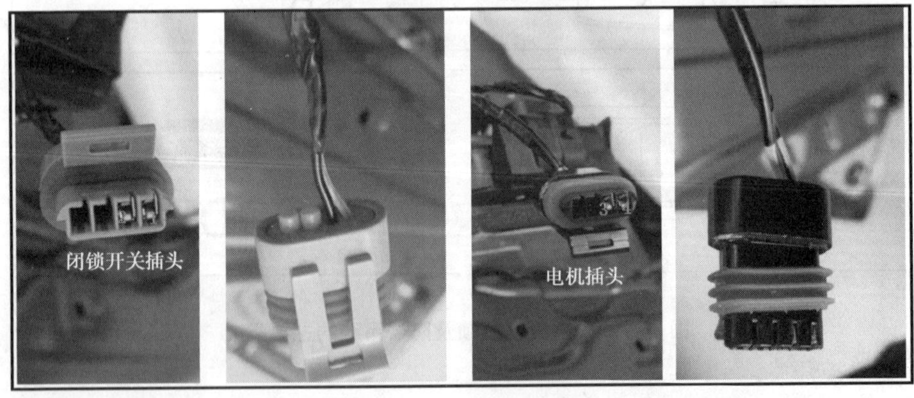

图 3.72 门锁线束插头

3.遥控钥匙

遥控钥匙主要用来执行机械开门、锁门、操作点火开关；遥控开门、锁门、行李箱开启和报警设置与解除等功能。

注意：

更换遥控发射器需要使用故障诊断仪对 BCM 进行编程。

三、基本原理

中控及防盗系统原理图如图 3.73 所示。按下遥控钥匙解锁键，钥匙必须通过低频磁场与车身控制模块进行认证。如果遥控钥匙与车身控制模块认证失败，车身控制模块的车辆设防没有解除，车门将无法打开。

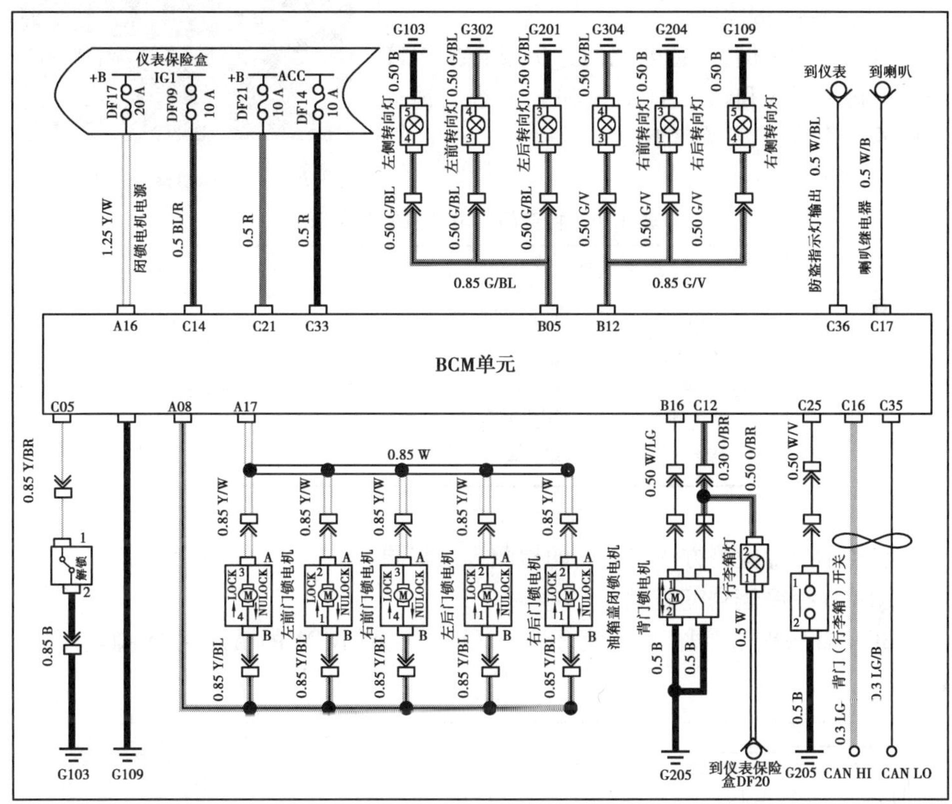

图 3.73　中控及防盗系统原理图

当钥匙不处于 IGN ON/ACC 挡，且四门一起关闭时，接收到遥控钥匙上锁命令后，则实车进入设防模式。如果任意一个门没有关闭，接收到遥控钥匙上锁命令，转向灯点亮 2 次，蜂鸣器鸣叫 1 次，中控会先上锁，然后再解锁。当接收到遥控钥匙解锁命令后，整车退出设防模式，此时转向灯点亮 2 次。

在设防模式下，长按遥控钥匙上的行李箱开启按键，行李箱打开，转向灯点亮 2 次，防盗喇叭不报警。

在设防模式下，任意一门有被非法打开的情况发生时，则进入报警模式，防盗喇叭鸣叫，转向灯点亮。

将钥匙拔出，四门一盖关闭，整车进入设防状态，此时按遥控解锁，如无进一步（开门、开行李箱）动作，一段时间后，四门上锁，整车再次进入设防模式，中控再次上锁。

四、检测方法

1.遥控器的检查

检查遥控器内的电池电压是否大于 2.9 V，若遥控器没电，应更换电池。

2.门锁电机的检查

以左前门为例，用蓄电池的正负极直接连接门锁电机端子 3 和端子 4(图 3.74)，检查门锁电动机的工作情况，见表 3.16。

图 3.74　门锁电机端子 3 和端子 4

表 3.16　检查门锁电动机的工作情况

测量条件	标准状态
蓄电池“+”——端子 4 蓄电池“-”——端子 3	上锁
蓄电池“+”——端子 3 蓄电池“-”——端子 4	开锁

其他车门的检测方法与前门的检测方法相同。

3.BCM 控制信号的检测

BCM 针脚编号如图 3.75 所示，用万用表检测 BCM 的 A16 号针脚电压应为 12 V。

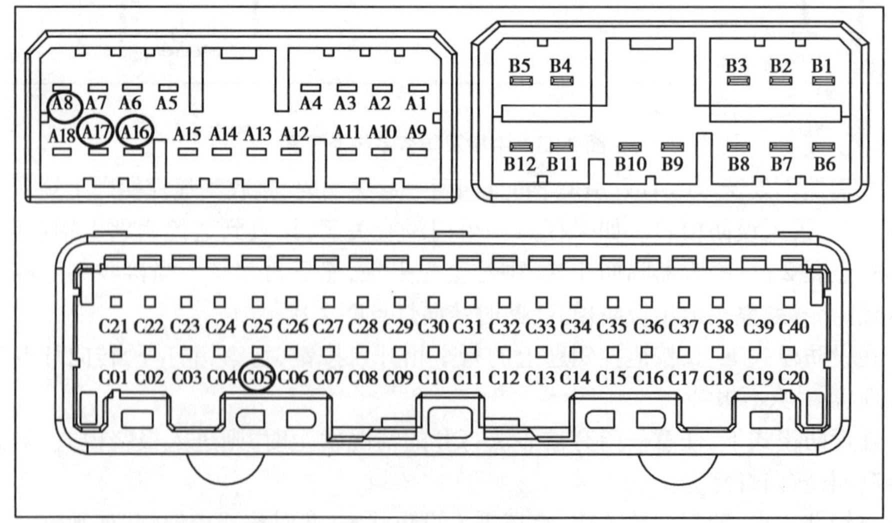

图 3.75　BCM 针脚编号

操纵前门中控门锁开关解锁，用万用表检测 BCM 的 C05 号针脚电压应为 0 V。BCM 的 A17 号针脚电压应为 12 V。反之，闭锁时，用万用表检测 BCM 的 C05 号针脚电压应为 5 V。BCM 的 A08 号针脚电压应为 12 V。

4.防盗钥匙的匹配

防盗钥匙的匹配操作步骤如下：

①进入长安汽车系统，如图 3.76 所示。

图 3.76　进入长安汽车系统

②选择“长安微车”→“长安 CX70_R103”→“车身系统 BCM”，如图 3.77 所示。

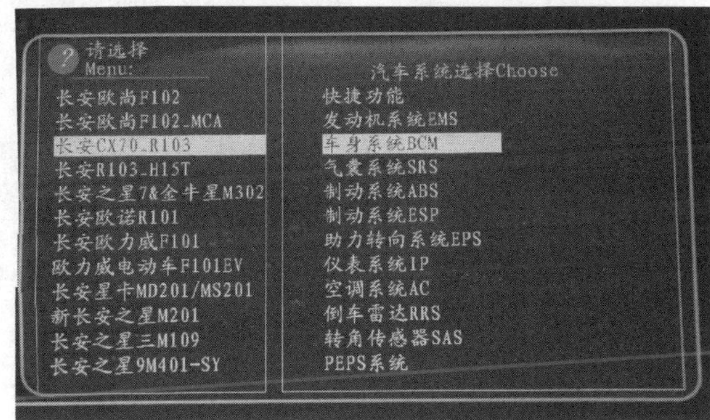

图 3.77　选择车型系统

③进入 BCM 系统后选择系统配置，由长安售后获得防盗密码（即 PIN 码 4 位，如 DF02），然后输入“确认”进入，如图 3.78 所示。

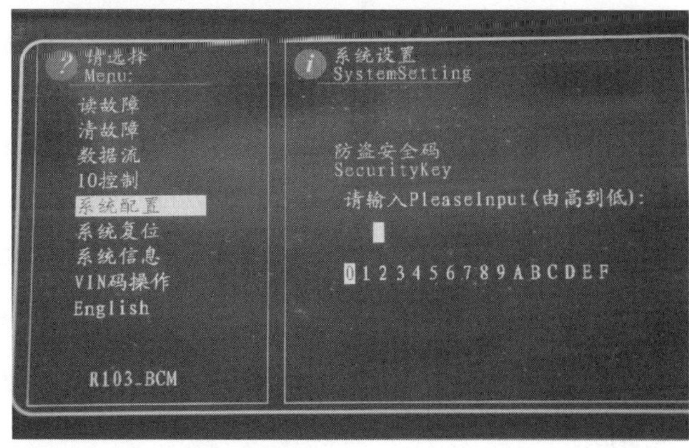

图 3.78　输入 PIN 码

④进入“钥匙编程”界面，可同时配置两把钥匙，在 10 s 之内，同时按一把钥匙

课堂笔记

的开锁键和闭锁键,然后再按另一把钥匙的开锁键和闭锁键,如图 3.79 所示。

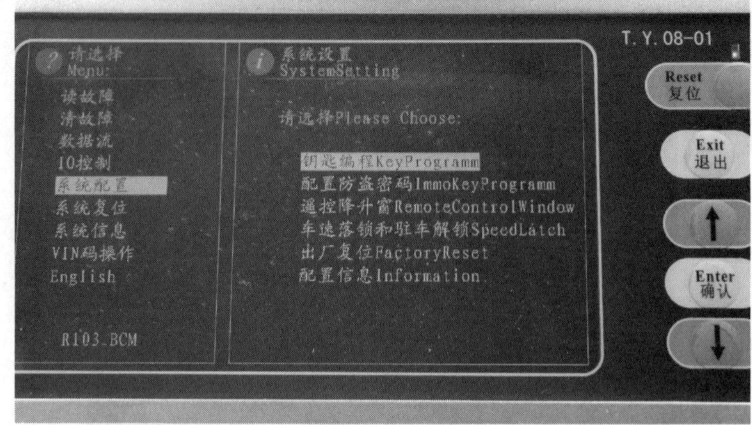

图 3.79　进入钥匙编程

⑤10 s 后会显示匹配成功的钥匙数,如图 3.80 所示。

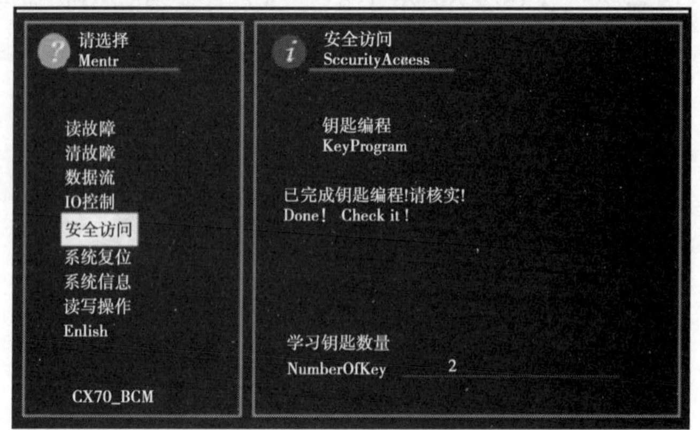

图 3.80　钥匙匹配数

五、技能训练

1.BCM 信号检测

结合维修手册及电路图对 BCM 的信号进行检测,见表 3.17。

表 3.17　BCM 信号检测

序号	项　目		PIN 脚	电　压	是否正常
1	电机电源				
2	门锁开关信号	解锁			
		闭锁			
	电机信号	解锁			
		闭锁			

课堂笔记

2.线路检测和诊断

线路性能良好:□是/□否,诊断故障为________________。

3.防盗匹配

请对防盗系统进行匹配并记录步骤。

____

____

____

____

____

____

____

____。

模块四　发动机管理系统

【模块说明】

本模块主要介绍了ME1788发动机电控系统的控制逻辑及进气系统、排放系统、点火系统的工作原理、结构组成及主要部件的检测诊断方法，并重点分析了ME1788系统常见故障代码。同时介绍了CX70所搭载的4G18发动机机械系统的拆装规范、检修方法和要求等。

◆知识标准

- 掌握ME1788发动机电控系统和主要电控系统原理。
- 能识别进气、排放、点火等系统组成部件和功能。
- 能判断和检测各电控系统的主要部件性能。
- 能诊断发动机电控系统常见故障。
- 能完成发动机机械系统的拆装和检修。

◆主要内容

- ME1788系统控制逻辑。
- 进气系统。
- 排放控制系统。
- 点火系统。
- ME1788发动机管理系统DCT分析。
- 4G18发动机机械系统。

任务十一　ME1788 发动机管理系统

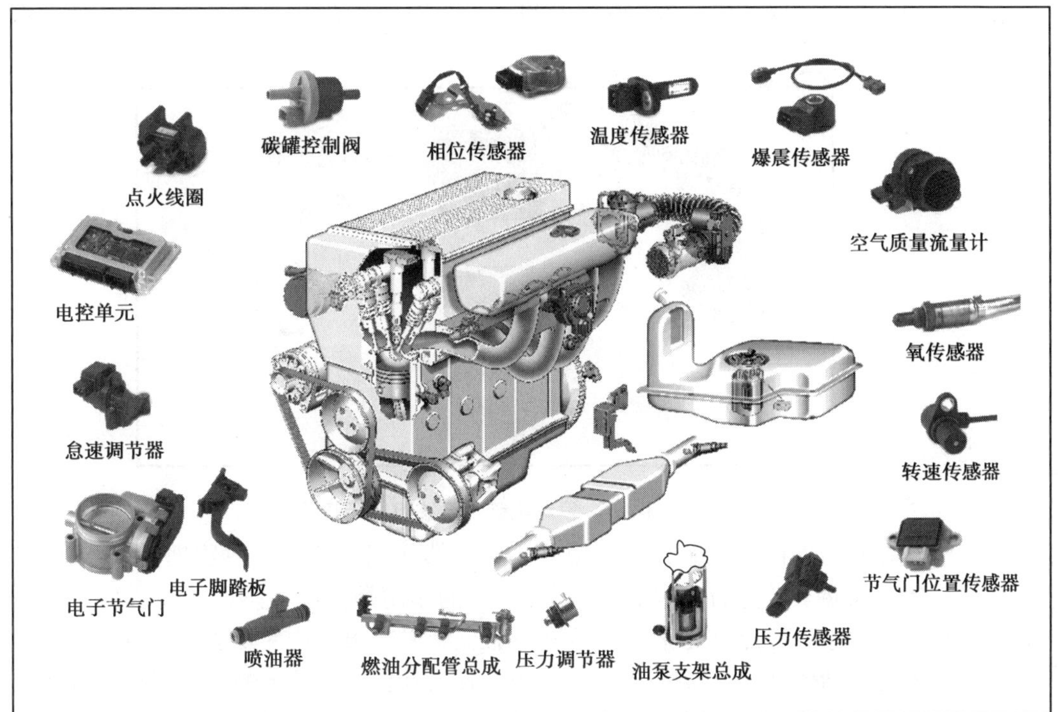

[目标]

➢ 了解 ME1788 系统的组成及功能。

➢ 了解 ME1788 系统的控制原理及逻辑。

[资源]

➢ 设备:CX70 整车、专用解码仪。

➢ 资料:CX70 维修手册。

课堂笔记

一、发动机管理系统概述

发动机管理系统主要由传感器、电控单元(ECU)、执行器 3 个部分组成,对发动机工作时的吸入空气量、喷油量和点火提前角等进行控制,基本结构如图 4.1 所示。

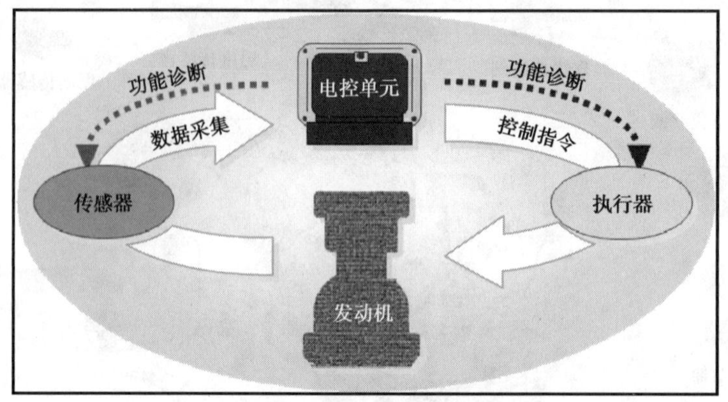

图 4.1　发动机管理系统组成示意图

在发动机管理系统中,传感器作为输入部分,用于测量各种物理信号(温度、压力等),并将其转化为相应的电信号;ECU 的作用是接收传感器的输入信号,并按设定的程序进行计算处理,产生相应的控制信号输出到功率驱动电路,功率驱动电路通过驱动各个执行器执行不同的动作,使发动机按照既定的控制策略进行运转;同时 ECU 的故障诊断系统对系统中各部件或控制功能进行监控,一旦探测到故障并确认后,则存储故障代码,调用“跛行回家”功能,当探测到的故障消除时,则正常值恢复使用。

二、ME1788 发动机管理系统介绍

ME1788 发动机管理系统的最大特点是采用基于扭矩的控制策略,它是基于 Bosch ME7971 系统之上的升级版平台。扭矩为主控制策略的主要目的是把大量各不相同的控制目标联系在一起。ME1788 发动机管理系统结构如图 4.2 所示。

1.功能介绍

(1)应用物理模型的发动机基本管理功能

①以扭矩为基础的系统结构;

②由进气压力传感器/空气流量传感器确定汽缸负荷量;

③在静态与动态状况下改进的混合气控制功能;

④闭环控制;

⑤燃油逐缸顺序喷射;

⑥点火正时,包括逐缸爆震控制;

⑦排放控制功能;

⑧催化器加热;

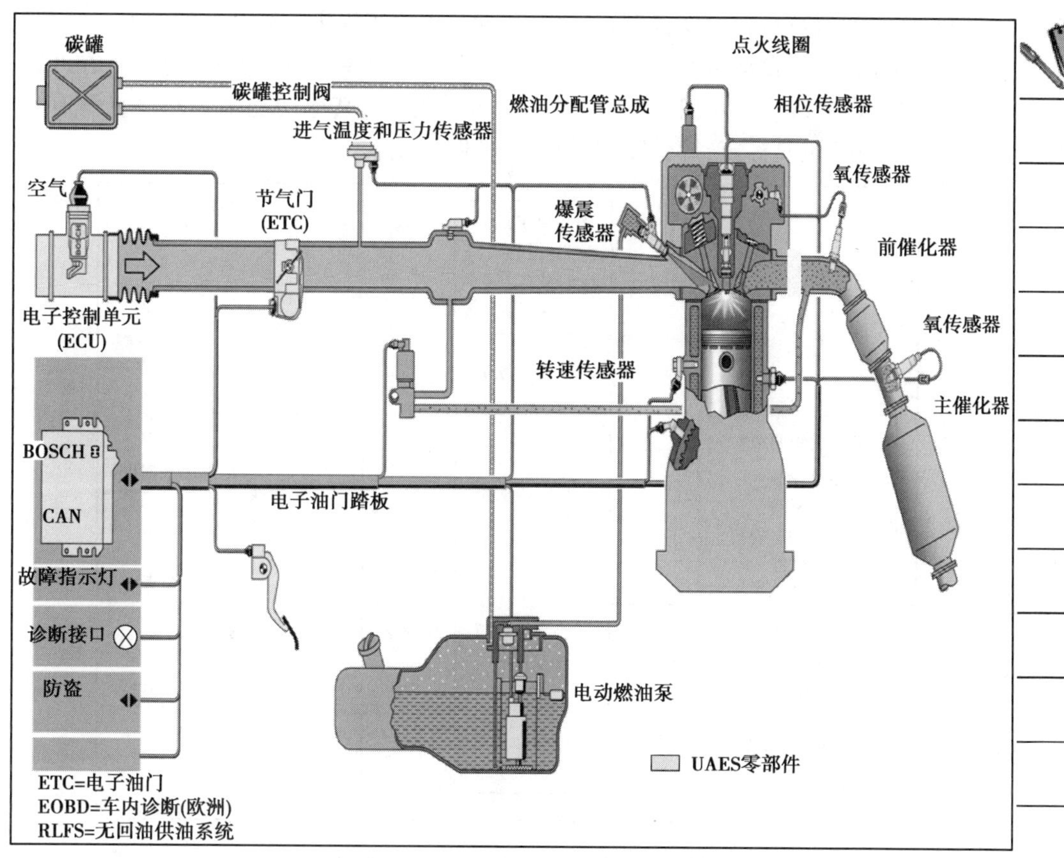

图 4.2　ME1788 发动机管理系统结构图

⑨碳罐控制;

⑩怠速控制;

⑪跛行回家;

⑫通过增量系统进行速度传感。

(2)附加功能

①防盗器功能;

②扭矩与外部系统(如传动机构或车辆动态控制)的连接;

③对几种发动机零部件的控制。

(3)在线诊断 OBD 功能

①完成一系列的 OBD 功能;

②用于诊断功能的管理系统。

2.基于扭矩的控制模型

在 ME1788 以扭矩为主的发动机管理系统中,发动机的所有内部需求和外部需求都用发动机的扭矩或效率要求来定义,如图 4.3 所示。通过将发动机的各种需求转化为扭矩或效率的控制变量,然后这些变量在中央扭矩需求协调器模块中进行处理。ME1788 系统将这些相互矛盾的要求按优先顺序排列,执行最重要的一个要求,通过扭矩转化模块得到所需的喷油时间、点火正时等发动机控制参数。该控制变量的执行对其他变量没有影响，这就是以扭矩为主控制系统的优点。

同样在进行发动机匹配时，由于基于扭矩的控制系统具有变量独立性，在匹配发动机特性曲线和 MAP 图时只依靠发动机数据，与其他功能函数和变量没有干涉，因此避免重复标定，简化匹配过程，降低匹配成本。

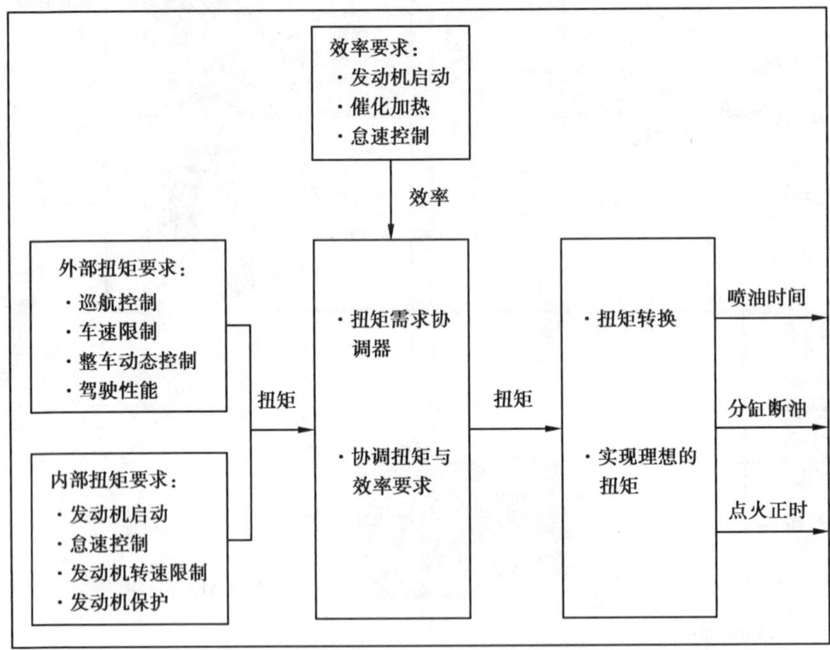

图 4.3　ME1788 以扭矩为基础的系统结构

三、ME1788 系统控制逻辑

1.喷油量控制

电控燃油喷射系统中，当喷油器的结构和喷油压差一定时，喷油量的控制是通过对喷油器喷油时间（喷油脉宽）来实现的。

汽油喷射时间 = 基本喷射时间×修正系数+无效喷射时间

（1）基本喷射时间

基本喷射时间是空气流量计或进气压力传感器计算的初始喷油时间。

（2）修正系数

修正系数主要包括与发动机温度有关的修正系数、加减速运行修正系数、大负荷高转速修正系数、理论空燃比反馈修正系数（即短期修正系数）和学习控制修正系数（即长期修正系数）等。

（3）无效喷射时间

由于喷油线圈通电电流缓慢增加，使得喷油器从通电到完全打开之间有个时间，即无效喷油时间。电压对无效喷油时间有影响，电压低，无效喷油时间长，喷油脉宽增大。图 4.4 为 CX70 喷油器工作时的波形，细曲线为电压波形，粗曲线为电流波形。

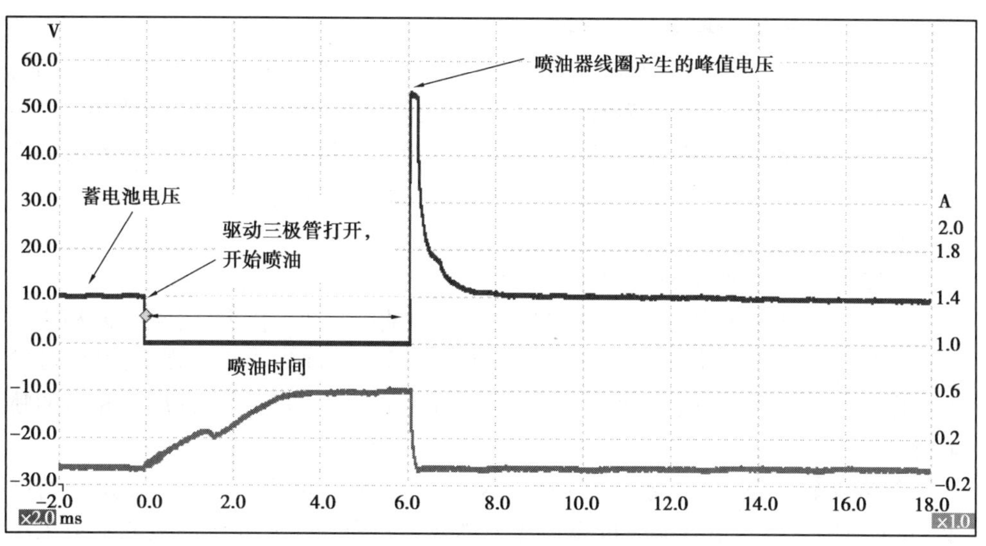

图 4.4 CX70 喷油器喷油波形

2.点火控制

(1)点火提前角控制

点火提前角=初始点火提前角+基本点火提前角+修正点火提前角

①初始点火提前角:发动机处于启动或规定转速以下时,由于进气歧管压力或进气量信号不稳定,点火时刻固定为初始点火提前角。这一提前角由 ECU 中的备用电路控制,不需计算处理。

②基本点火提前角:根据进气歧管压力或进气量信号、转速信号、节气门位置信号、空调开关等确定基本点火提前角。随着转速升高,提前角应增大;随着负荷升高,提前角应减小。

③修正点火提前角:主要包括暖机修正、怠速稳定修正、空燃比反馈修正和过热修正等。

(2)通电时间控制

通电时间由 ECU 根据发动机的转速信号和电源电压信号确定最佳的闭合角(点火导通时间),在不影响火花放电的前提下,保证点火线圈有足够时间蓄积能量而不造成过热损失和破坏。当次级电压一定时,应根据蓄电池电压来调整初级电路的导通时间。

(3)爆震控制

当出现发动机爆震,点火滞后(减小点火提前角)会持续几个工作循环,然后再逐渐恢复到原来的点火时刻。可以对各汽缸独立地进行点火滞后调整(有选择性地进行汽缸组调整)。

3.启动控制

在启动过程中,要采取特殊计算方法来控制充量、喷油和点火正时。当发动机达到一定转速前,要加浓混合气。一旦发动机开始运行,系统立即开始减少启动加浓,直到启动工况结束时,完全取消启动加浓。在启动工况下,点火角也不断调整,随着发动机温度、进气温度和发动机转速而变。

课堂笔记

4.暖机和三元催化器的加热控制

发动机在低温启动后,汽缸充量、燃油喷射和电子点火都被调整以补偿发动机更高的扭矩要求;该过程会持续进行直到升至适当的温度阈值。在该阶段中,最重要的是三元催化器的快速加热,因为迅速过渡到三元催化器开始工作可大大减少废气排放。在此工况下,采用适度推迟点火提前角的方法利用废气进行"三元催化器加热"。

5.加速/减速和倒拖断油控制

当节气门开度增加时,部分喷射的燃油被该油膜吸收。因此,必须喷射相应的补充燃油量对其补偿并防止混合气在加速时变稀。一旦负荷系数降低,进气歧管壁上燃油膜中包含的附加燃油会重新释放,那么在减速过程中,必须减少相应的喷射持续时间。

倒拖或牵引工况指发动机在飞轮处提供的功率是负值的情况。在这种情况下,发动机的摩擦和泵气损失可用来使车辆减速。当发动机处于倒拖或牵引工况时,喷油被切断以减少燃油消耗和废气排放,更重要的是保护三元催化器。

6.怠速控制

ME1788 系统以扭矩为主控制策略依据闭环怠速控制来确定在任何工况下维持要求的怠速转速所需的发动机输出扭矩。该输出扭矩随着发动机转速的降低而升高,随发动机转速的升高而降低。

7.蒸发排放控制

在系统中燃油蒸汽通过导管被收集在活性碳罐中,并在适当的时候通过冲洗进入发动机参与燃烧过程。冲洗气流的流量是由 ECU 控制碳罐控制阀来实现的。

任务十二　进气系统

[目标]

- 理解进气系统控制原理及逻辑。
- 识别并说明进气系统组成部件及功能。
- 能判断和检测进气系统主要部件性能。
- 运用进气系统的知识和检测方法,有效地诊断进气系统相关故障。

[资源]

- 设备:CX70 整车、万用表、试灯、诊断仪、相关电子部件。
- 资料:CX70 配套电路图、维修手册。

一、功能

尽可能多且均匀地向汽缸供给清洁空气，并控制发动机正常工作时的供气量。

二、结构及组成

CX70 进气系统采用 D 型进气控制系统，即用进气压力温度传感器间接测量进气质量，利用电子节气门控制进气量。其主要部件包括电子节气门体、进气压力温度传感器等，如图 4.5 所示。

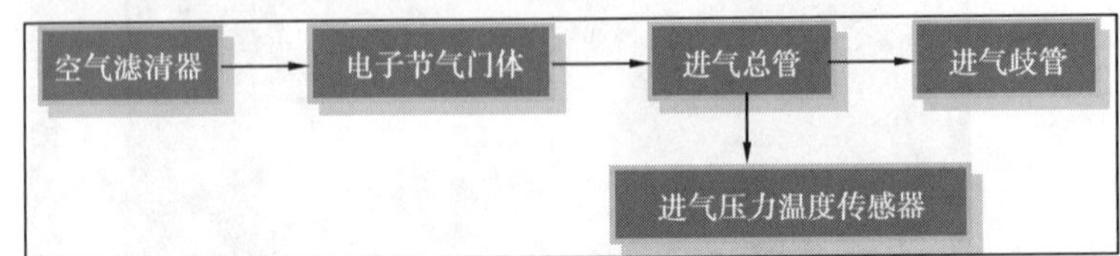

(a)进气系统基本组成

(b)电子节气门体　　(c)进气压力温度传感器

图 4.5　进气系统组成及主要部件

三、基本原理

ETC 系统控制原理如图 4.6 所示。

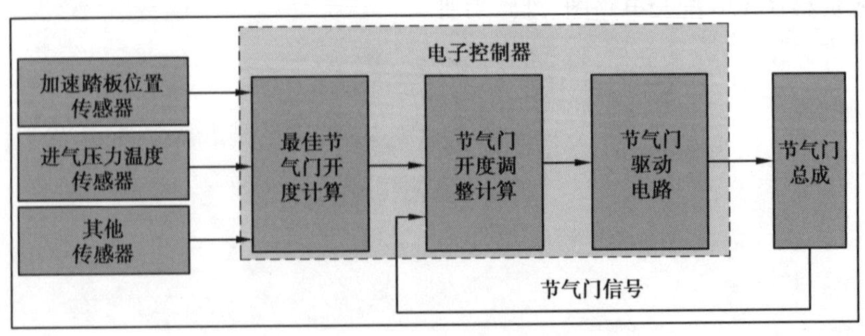

图 4.6　ETC 系统控制原理

发动机工作时，加速踏板位置传感器将加速踏板信号送给电子控制器，电子控制器根据该信号判断驾驶员驾驶意图，并参考发动机转速信号、进气压力信号及其他相关信号得到最佳的节气门开度参数，与当前节气门位置相比，当节气门开度与

最佳节气门开度参数不一致时，输出控制信号以控制节气门驱动装置工作，将节气门调整到适当开度。

四、检测方法

1.油门踏板位置传感器(图 4.7)

①拔下线束插头，对两组角度电位计进行测量，两人合作缓慢踩下踏板，看是否出现递增和递减，是否存在电阻跳变。

图 4.7　油门踏板位置传感器

②油门踏板位置传感器电路和针脚分布如图 4.8 所示。测量 3 号与 5 号针脚，2 号与 6 号之间的电阻值是固定值，其中 3 号与 5 号针脚参考电阻为(1.7±0.8) kΩ；2 号与 6 号针脚参考电阻为(1.2±0.4) kΩ。

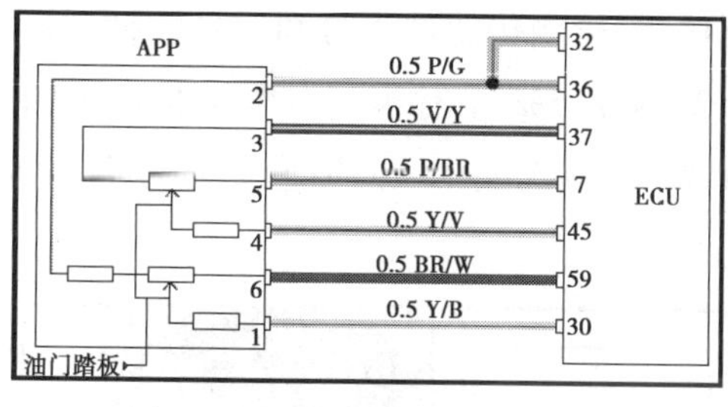

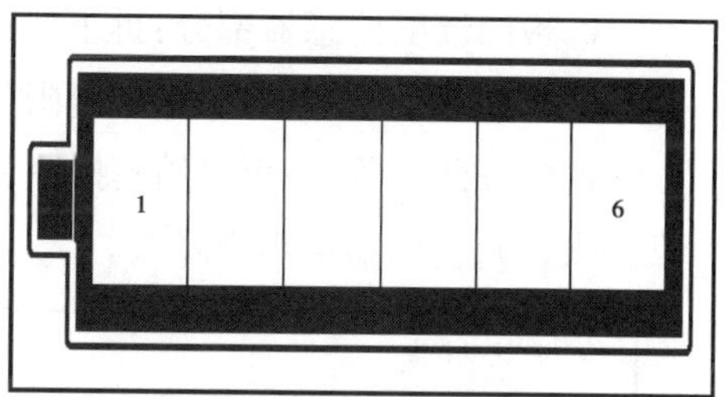

图 4.8　油门踏板位置传感器电路图及线束端子图

③打开点火开关，不启动，不踩油门踏板，油门位置传感器输出信号参考值分别为 0.72~0.74 V 和 0.36~0.37 V。

④打开点火开关，不启动，踩油门踏板到底，油门位置传感器输出信号参考值分别为 4.61 V 和 2.32 V。

2.电子节气门体

①拆下电子节气门体线束插头，测量电机电阻，常温下一般为 1.5~2.5 Ω，并不

随阀片开度变化。

②拆下电子节气门体线束插头，其原理图和端子图如图 4.9 所示。对两组开度电位计进行测量，缓慢打开阀片，应连续递增和递减，不应存在电阻跳变。

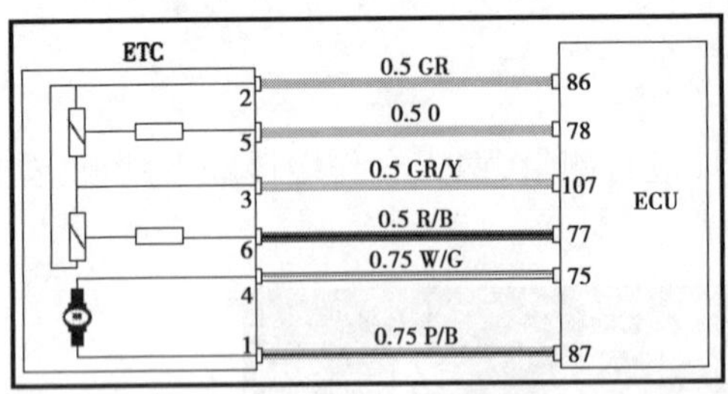

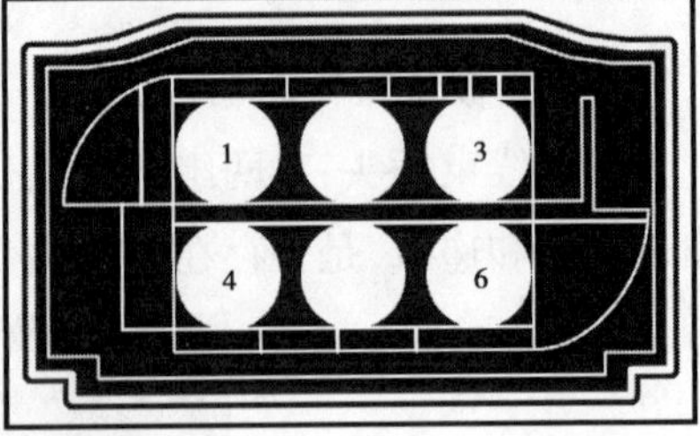

图 4.9　电子节气门体电路原理图和线束端子图

③电子节气门的 2 号、5 号针脚电阻与 2 号、6 号针脚之间的电阻值之和是恒值，参考值电阻为(1.9±0.2) kΩ。2 号与 3 号针脚电阻恒定。

④启动车辆，电子节气门的 5 号与 6 号针脚电压和约为 5 V。

⑤检查节气门电机信号为占空比信号。

⑥检查阀片周边，是否有大量的积碳，若进行清除积碳作业，需保证电子节气门正常的自学习。电子节气门自学习时将点火开关打到 ON 挡，等待 30 s，这时不要有任何其他操作。

注意：

更换 ECU 或电子节气门体后需进行电子节气门体自学习。

3.进气压力温度传感器

①用诊断仪读取数据流：车辆未启动时，进气压力接近一个大气压；启动后，压力减至 30~40 kPa，进气温度为当时的环境温度；空挡急加油时压力会下降。

②检测温度传感器部分：拆下线束接头，检测传感器 1 号和 2 号针脚电阻(电路如图 4.10 所示)，20 ℃时参考电阻为 2.5 kΩ±5%，其他温度对应的电阻值可由图 4.11 的特征曲线量出；也可用模拟法，例如，用电吹风热风向传感器送风(注意不可靠得太近)，传感器电阻应降低。

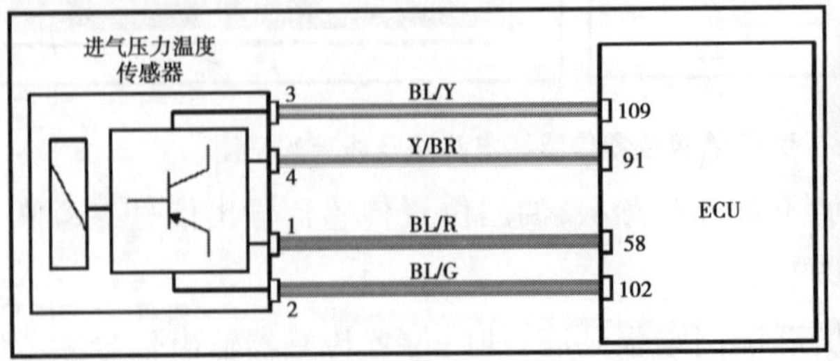

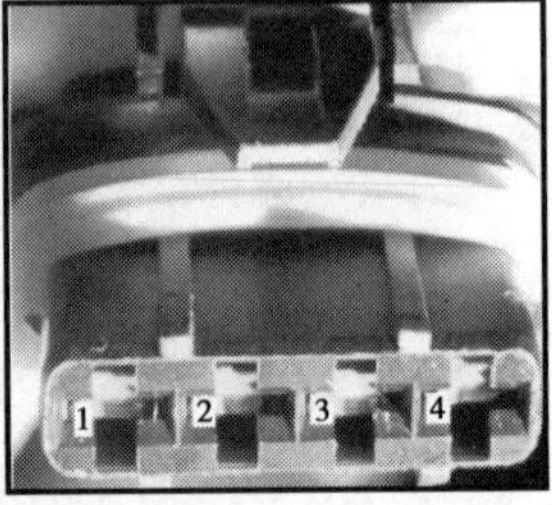

图 4.10　进气压力温度传感器电路原理图和线束端子图

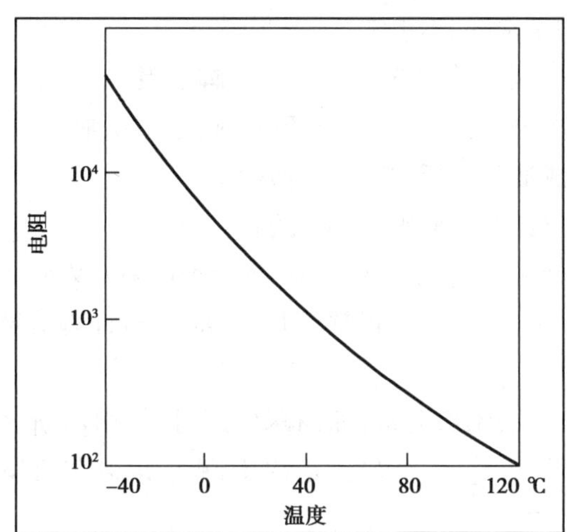

图 4.11　温度传感器特征曲线

③检测压力传感器部分:连接好线束插头,怠速状态下传感器信号电压参考值为 1.3 V 左右;空载状态下,慢慢打开节气门,信号电压变化不大;快速打开节气门,信号电压瞬间上升,然后下降到 1.5 V 左右。

④假设法快速检测:车辆在怠速平稳情况下,突然拔下进气压力传感器线束接头,判断发动机转速是否有明显抖动。如果有抖动,说明进气压力传感器单件功能基本正常。

注意:

保养时,检查传感器真空孔道是否有堵塞并及时处理。维修过程中禁止用高压气体向真空元件冲击。

五、技能训练

1.油门踏板位置传感器检测

①结合维修手册及电路图熟识油门踏板位置传感器针脚定义,完成表 4.1。

表 4.1　熟识油门踏板位置传感器针脚定义

针脚号	导线颜色	功　能
PIN1		
PIN2		
PIN3		
PIN4		
PIN5		
PIN6		

②采用不同方法完成油门踏板位置传感器单件检测。

缓慢踩下油门踏板,用万用表检测传感器两组电位计电阻,两组电阻变化规律:

课堂笔记

__________，□正常/□不正常。

用万用表检测传感器 3 号与 5 号针脚电阻：__________，□正常/□不正常；2 号与 6 号针脚电阻值：__________，□正常/□不正常。

③就车完成油门踏板位置传感器检测。

使用诊断仪读取故障码：□无/□有____________________________________。

打开点火开关，不启动，不踩油门时，使用诊断仪或万用表测试传感器 1 号针脚信号电压：__________，□正常/□不正常；4 号针脚信号电压：__________，□正常/□不正常。

打开点火开关，不启动，将油门踩到底时，使用诊断仪或万用表测试传感器 1 号针脚信号电压：__________，□正常/□不正常；4 号针脚信号电压：__________，□正常/□不正常。

2.电子节气门体检测

①结合维修手册及电路图熟识电子节气门体针脚定义，完成表 4.2。

表 4.2　熟识电子节气门体针脚定义

针脚号	导线颜色	功　能
PIN1		
PIN2		
PIN3		
PIN4		
PIN5		
PIN6		

②采用不同方法完成电子节气门体的单件检测。

用万用表检测节气门电机常温下的电阻：__________，□正常/□不正常。

缓慢打开节气门阀片，万用表检测两组电位计的电阻变化规律为：____________________，□正常/□不正常。

用万用表检测节气门体 2 号、5 号针脚电阻值与 2 号、6 号针脚电阻值的和为：__________，□正常/□不正常。

③就车完成电子节气门体及线路检测和诊断。

诊断仪读取故障码：□有/□无____________________________________。

启动车辆后，使用万用表或诊断仪检测节气门 5 号针脚电压：__________，6 号针脚电压：__________，二者电压之和为：__________，□正常/□不正常。

使用示波器测量节气门体电机信号波形，并绘制在图 4.12 中，□正常/□不正常。

电子节气门体及其线路性能良好：□是/□否，诊断故障为____。

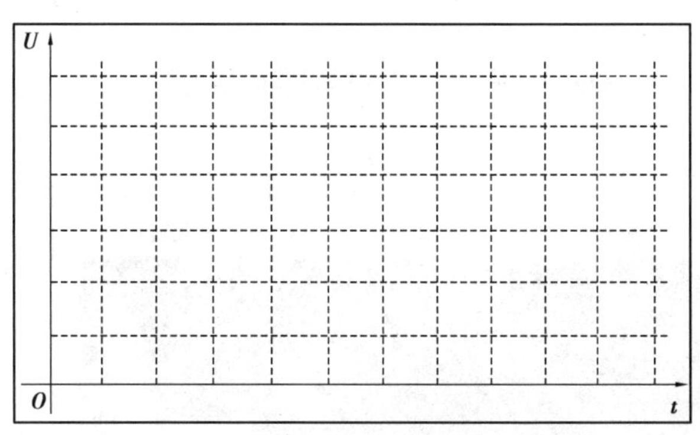

图 4.12 节气门电机信号波形

3.进气压力温度传感器检测

①结合维修手册及电路图熟识进气压力温度传感器针脚定义,完成表 4.3。

表 4.3 熟识进气压力温度传感器针脚定义

针脚号	导线颜色	功 能
PIN1		
PIN2		
PIN3		
PIN4		

②采用不同方法完成进气压力温度传感器的单件检测。

万用表检测传感器 1 号、2 号针脚电阻:__________,□正常/□不正常。

③就车完成进气压力温度传感器及线路检测和诊断。

使用诊断仪读取故障码:□无/□有____________________;车辆未启动进气压力为:__________;怠速工况下,进气压力为:__________;空挡急加油时进气压力变化:__________;以上结果□正常/□不正常。

万用表或诊断仪检测怠速时压力信号电压:__________,□正常/□不正常;空载缓踩油门,压力信号电压:__________,□正常/□不正常;急踩油门,压力信号电压变化为:__________,□正常/□不正常。

启动车辆,怠速转速平稳时,拔下进气压力温度传感器线束插头现象为:______
____。

进气压力温度传感器及其线路性能良好:□是/□否,诊断故障为__________
____。

任务十三　排放控制系统

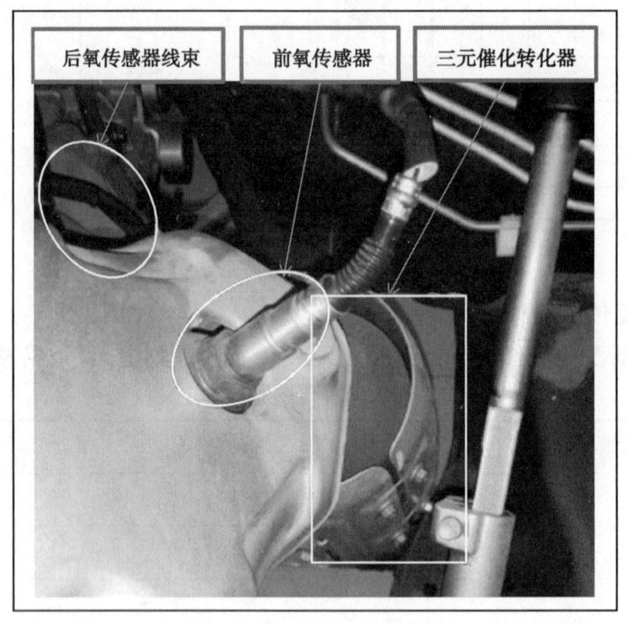

[目标]

- 理解排放系统控制原理。
- 能识别和熟悉排放系统组成部件及功能。
- 能判断和检测排放系统主要部件性能。
- 运用排放系统的知识和检测方法,有效地诊断排放系统相关故障。

[资源]

- 设备:CX70 整车、万用表、试灯、诊断仪、相关电子部件。
- 资料:CX70 配套电路图、维修手册。

一、功能

为减少燃油蒸汽、曲轴箱废气和尾气有害气体的排放，CX70 采取了排放催化转化系统、燃油蒸汽排放控制系统和曲轴箱强制通风系统。

二、结构及组成

排放催化转化系统主要由三元催化转化器和氧传感器组成，如图 4.13 所示。其中，三元催化转化器前后侧各有一个氧传感器，即前氧传感器和后氧传感器。

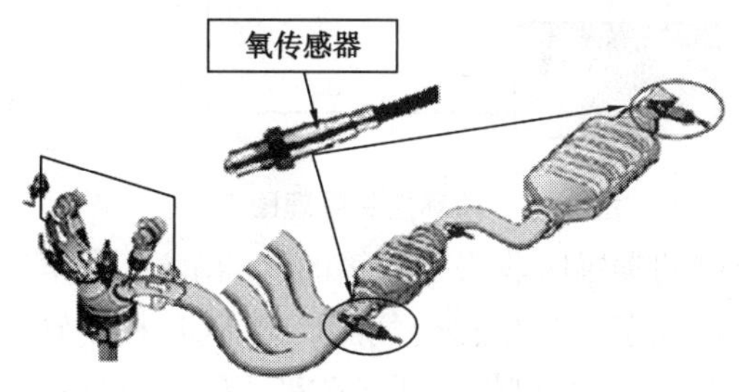

图 4.13　排放催化转化系统

燃油蒸汽排放控制系统主要由碳罐和碳罐电磁阀组成，如图 4.14 所示。

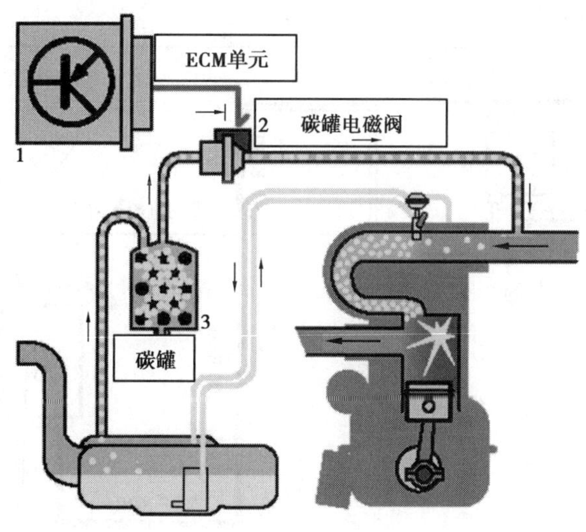

图 4.14　燃油蒸汽排放控制系统

三、基本原理

前氧传感器在三元催化器前方，监测废气中的氧含量，ECU 根据氧传感器反馈的信号反应空燃比浓稀状况，从而修正喷油量，通过闭环控制将空燃比控制在较窄的范围，该范围能使三元催化转化器获得较高的转化效率，如图 4.15 所示。后氧传感器则主要监测三元催化转化器的转化率和性能。

课堂笔记

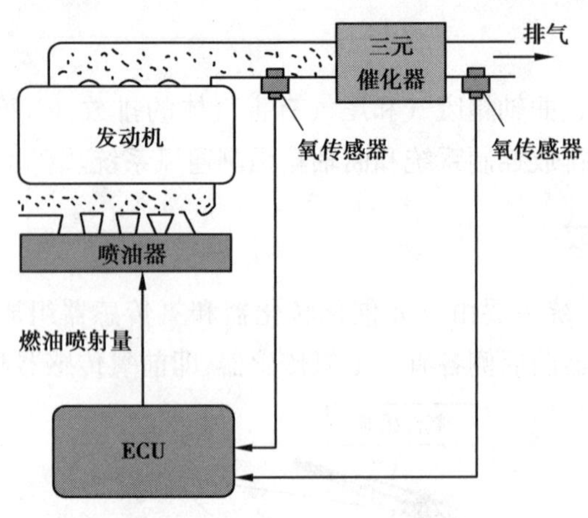

图 4.15　闭环控制原理图

燃油蒸发排放系统中的碳罐吸收来自油箱的汽油蒸汽，直至汽油蒸汽饱和，新鲜空气与碳罐中饱和的汽油蒸汽形成再生气流。当 ECU 控制碳罐电磁阀打开，油气混合气引入发动机进气管，参与燃烧。通过改变 ECU 给电磁阀线圈脉冲信号的占空比，改变电磁阀的开度。同时电磁阀两端压力差也影响开度。ECU 控制碳罐电磁阀开启条件主要受发动机水温、转速及碳罐饱和度等因素影响。碳罐电磁阀控制原理图如图 4.16 所示。

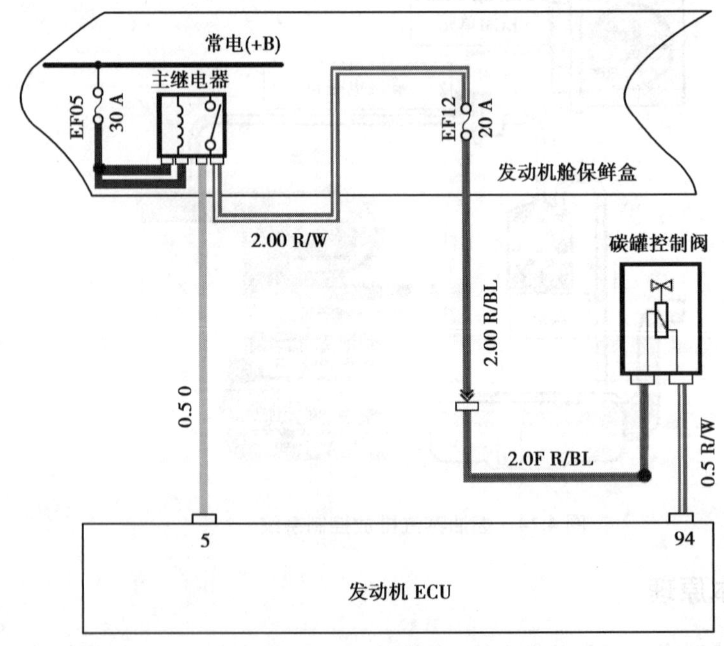

图 4.16　碳罐电磁阀控制原理图

四、检测方法

1.氧传感器

①检查氧传感器表面是否有破损凹坑，若有，则可能因机械损伤造成传感器故

障；将氧传感器的外密封圈用手压住，贴近耳朵轻轻摇动，如有异响说明内部的陶瓷传感元件可能破损，是因为温度冲击或者机械外力造成传感器损伤。

②观察氧传感器头部颜色，若出现红褐色（红棕色）或白色，则可能是由于燃油质量问题造成氧传感器“中毒”。

③用万用表测量传感器两白色线束之间的电阻（插头结构如图 4.17 所示），常温下为 7~11 Ω。

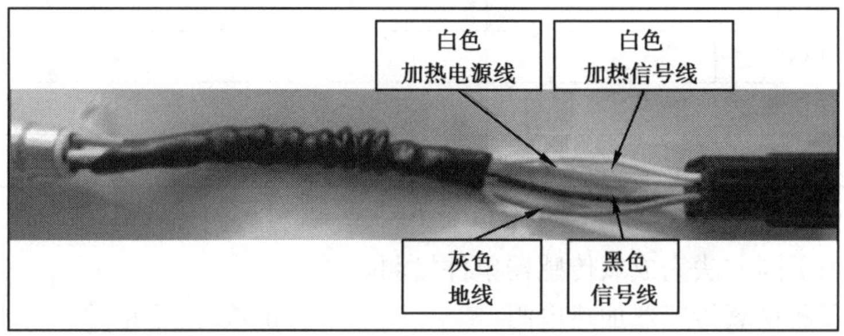

图 4.17　氧传感器插头结构

④怠速状态下，待氧传感器达到其工作温度 350 ℃时（约 3 min），万用表检测前氧传感器信号电压应在 0.1~0.9 V 波动。用示波器检测信号参考波形如图 4.18 所示，信号频率随发动机转速改变，中等转速下，信号波形 10 s 内跳变次数应不少于 8 次。后氧传感器信号电压稳定，一般为 0.6 V 左右。

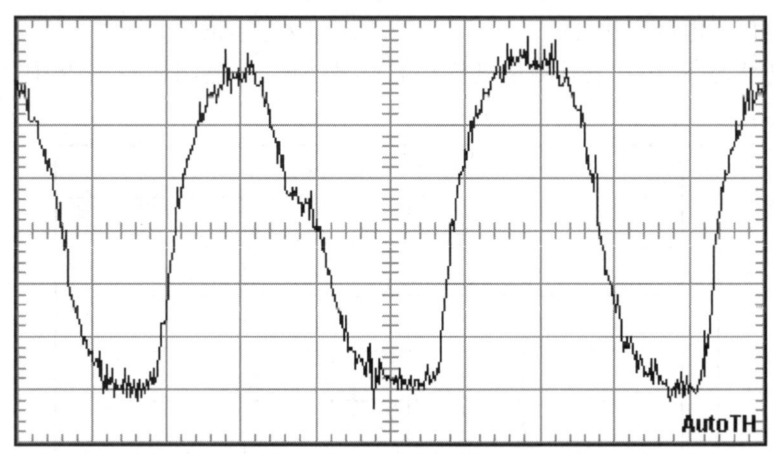

图 4.18　前氧传感器信号波形

⑤怠速状态下，检测传感器加热信号线，电压由低到高连续跳变；使用试灯检测时，试灯闪烁。

2.碳罐电磁阀

①用万用表测量电磁阀线圈电阻，常温下参考电阻为（26±4）Ω。

②拆下碳罐电磁阀，向电磁阀内吸气检查，电磁阀应不通气；然后将 12 V 电压施加到碳罐控制阀两接线端子，同时向电磁阀内吸气，这时电磁阀应通气。

课堂笔记

五、技能训练

1.氧传感器检测

①结合维修手册及电路图熟识氧传感器针脚定义,完成表 4.4。

表 4.4　熟识氧传感器针脚定义

针脚号	导线颜色	功　能
PIN1		
PIN2		
PIN3		
PIN4		

②采用不同方法完成氧传感器单件检测。

常温下测量氧传感器加热电阻:________,□正常/□不正常。

模拟法,用火烤氧传感器头部(火焰包住头部),万用表检测传感器信号线与地线之间的电压:________,□正常/□不正常。

③就车完成氧传感器检测。

使用诊断仪读取故障码:□无/□有________________________________。

怠速状态下,用万用表或诊断仪测量前氧传感器信号电压:________,□正常/□不正常;后氧传感器信号电压:________,□正常/□不正常;提高转速,前氧传感器信号电压变化规律:________,□正常/□不正常。

怠速状态下,用示波器测量氧传感器信号波形,并绘制在图 4.19 中,□正常/□不正常。

U

O　t

图 4.19　氧传感器信号波形

怠速状态下,用试灯测量传感器加热信号结果为:________________,□正常/□不正常。

氧传感器及其线路性能良好:□是/□否,诊断故障为________________
____。

课堂笔记

2.碳罐电磁阀检测

常温下,用万用表检测电磁阀线圈电阻:__________,□正常/□不正常。

诊断仪完成碳罐电磁阀动作测试,调整碳罐电磁阀冲刷率后的现象:__________,□正常/□不正常。

用万用表测试电磁阀电源线电压:__________,□正常/□不正常。

任务十四　点火系统

[目标]

- 理解点火系统控制原理及逻辑。
- 识别并说明点火系统组成部件及功能。
- 能判断和检测点火系统的主要部件性能。
- 运用点火系统的知识和检测方法,有效地诊断点火系统的相关故障。

[资源]

- 设备:CX70 整车、万用表、试灯、诊断仪、示波器、各传感器。
- 资料:CX70 配套电路图、维修手册。

课堂笔记

一、功能

在不同负荷下,点火系统均能在适当的时机提供足够的电压,使火花塞产生足以点燃汽缸内混合气的火花,让发动机得到最佳的燃烧效率。

二、结构及组成

CX70 点火系统采用双缸点火的方式,主要组成部件如图 4.20 所示。该系统主要包括低压电路部件和高压电路部件。其中,低压电路部件主要包括电源、电控单元及信号输入部件;高压电路部件主要包括点火线圈、高压线及火花塞。

(a)点火线圈

(b)曲轴位置传感器

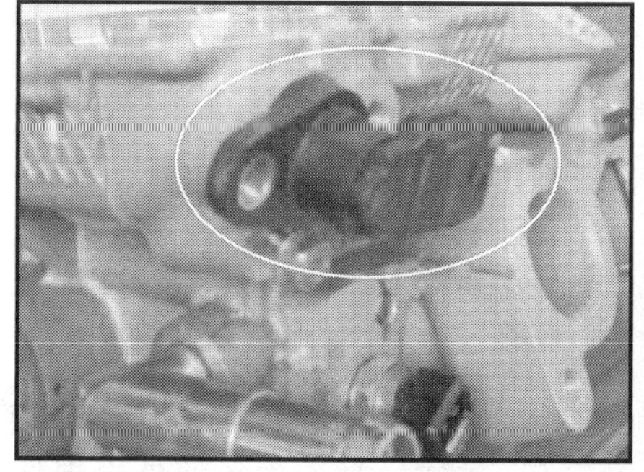

(c)凸轮轴位置传感器

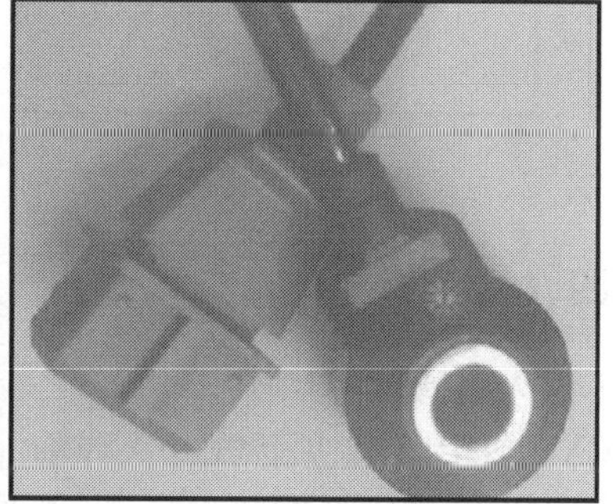

(d)爆震传感器

图 4.20 点火系统主要部件图

三、基本原理

ECU 的 5 号针脚控制主继电器线圈吸合后,点火线圈初级绕组+B 有电,当 ECU 的 99 号和 100 号针脚分别控制点火线圈 2 和线圈 1 的初级绕组接地时,两个点火线圈初级分别充磁。当 99 号和 100 号针脚分别控制两个线圈初级回路断时,两个次级绕组分别感应出高压电,各个火花塞放电并点火,电路原理如图 4.21 所示。

课堂笔记

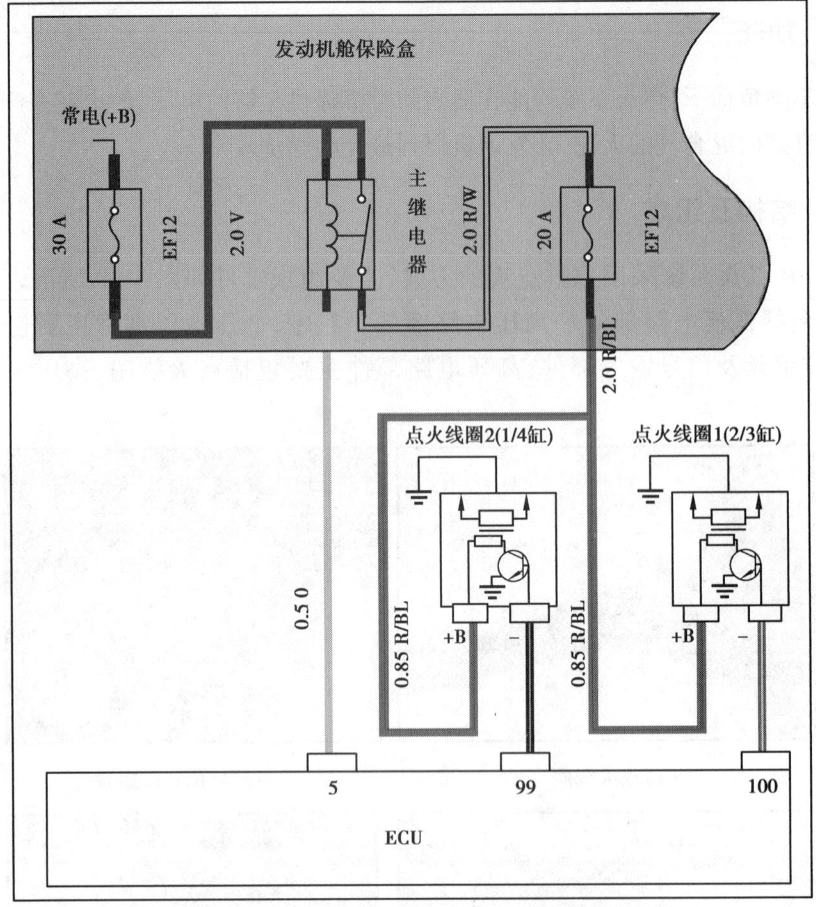

图 4.21　CX70 点火系统电路原理图

四、检测方法

1.点火线圈检测

CX70 采用 1×2 顶置式点火线圈，配套的火花塞采用电阻型。点火线圈的一般故障原因为初级线圈电路故障，点火线圈过热或烧毁，受外力致使外壳损坏，高压导线故障等，如图 4.22 所示。

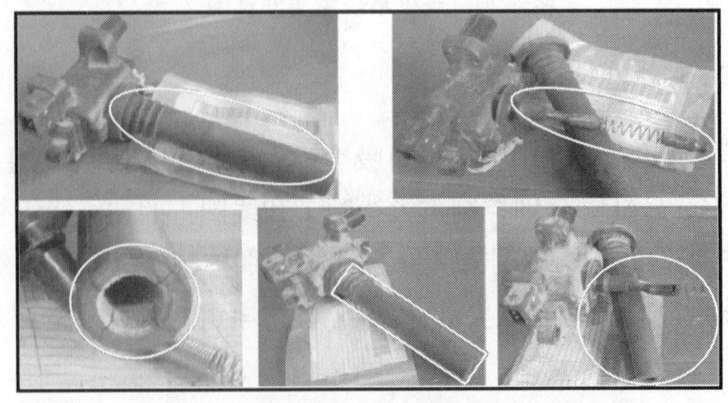

图 4.22　高压管破损和老化、高压弹簧锈蚀

点火线圈主要检测(图 4.23)和判断方法如下：

①测量初级绕组为 0.8 Ω±12%,次级绕组为 11 kΩ±12%。

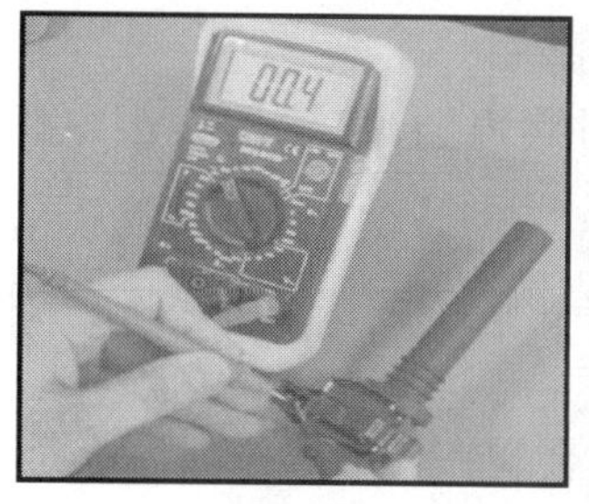

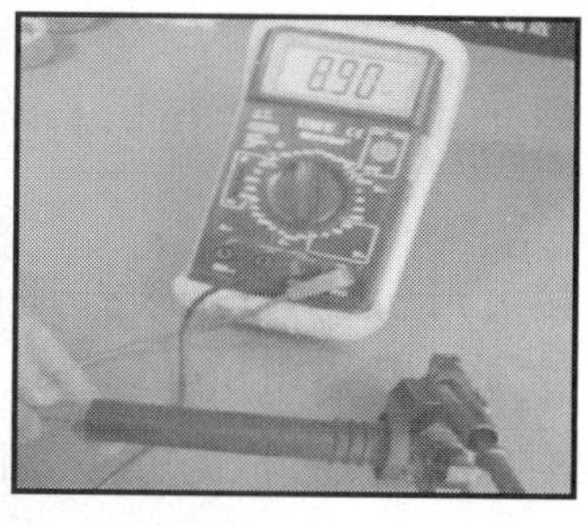

图 4.23　点火线圈电阻检测

②用诊断仪进行跳火测试,检查点火线圈与火花塞的工作性能。

注意：

维修过程中禁止用“短路试火法”测试点火功能,以免损伤电子控制器。

③钥匙置于 ON 位,检测初级线圈工作电源为 12 V;启动车辆,试灯笔检测初级线圈点火脉冲信号为闪烁状。

④示波分析测量初级线圈点火脉冲信号,参考波形如图 4.24 所示。

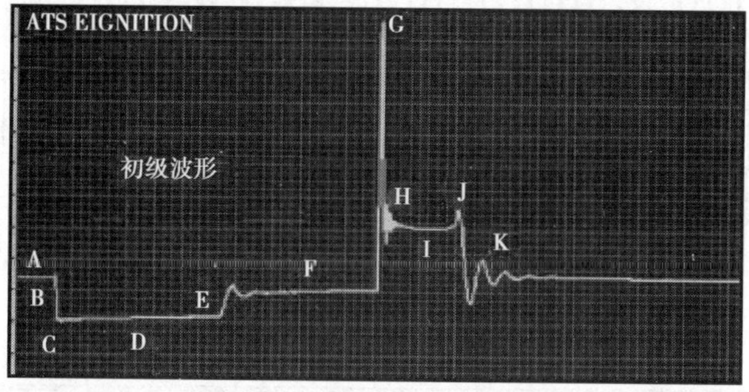

图 4.24　点火初级波形参考

2.曲轴位置传感器检测

CX70 曲轴位置传感器是利用磁电效应,当曲轴转动时,带动传感信号轮转动,信号轮上的齿将对传感器的磁力线产生切割作用,在传感器线圈两端产生一定频率的脉冲信号(图 4.25)。

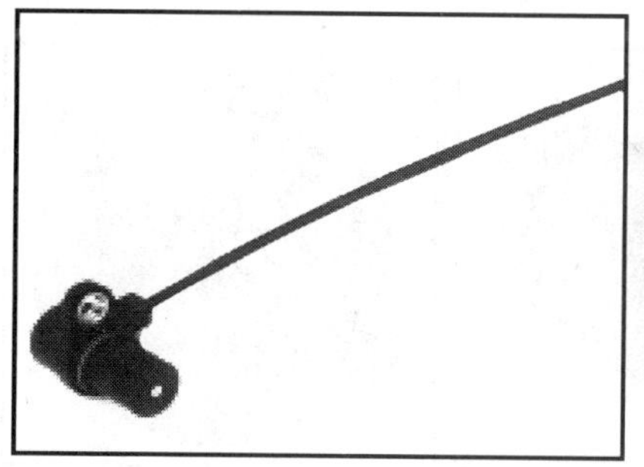

图 4.25　曲轴位置传感器及信号轮结构

结合曲轴位置传感器结构及原理,可采取以下方法快速判断:

①在发动机无法启动时,连接发动机诊断仪,在运转启动电机时查看转速参数是否正常。

②(卸下接头)把数字万用表打到欧姆挡,传感器线圈电阻在 20 ℃ 时为 860 Ω±10%。

③(接上接头)把数字万用表打到直流电压挡,两表笔分别接传感器两根针脚,启动发动机,此时应有电压输出。

④拆下传感器,采用模拟的方法,用金属在传感器头部前不断晃动,应有电压信号产生。

⑤采用示波器读取传感器信号波形如图 4.26 所示,其频率和幅值随转速变化而变化。

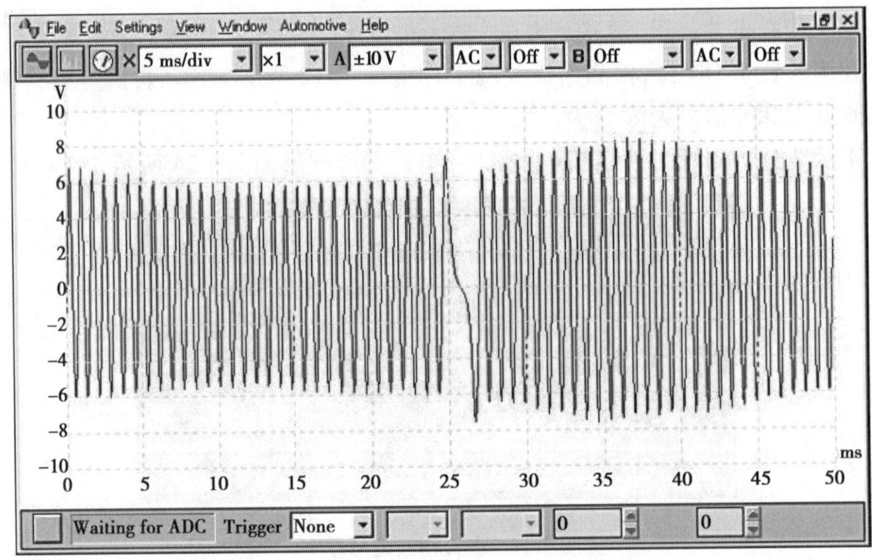

图 4.26 曲轴位置传感器信号参考波形

3.凸轮轴位置传感器

CX70 凸轮轴位置传感器是霍尔式转速传感器,输出信号具有开关特性,传感器供电电压为 5 V,如图 4.27 所示。

图 4.27 凸轮轴位置传感器及信号轮结构

凸轮轴位置传感器的检测方法：

①拆卸相位传感器接上接头并打开钥匙，将传感器芯片端靠近和离开导电金属平面（如引擎盖），用万用表检测传感器信号时电压有变化。

②采用示波器读取传感器信号波形如图 4.28 所示，其频率随转速变化而变化。

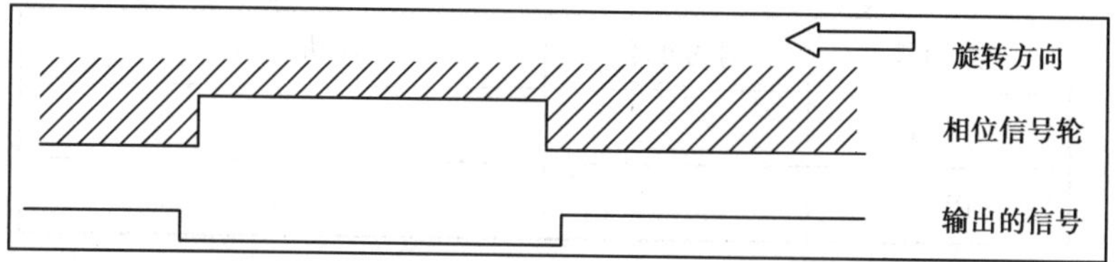

图 4.28　凸轮轴位置传感器信号规律

注意：

拆卸后对安装位置表面应进行清洁，确保没有油污；安装时只允许用压入的方法，不能使用任何工具敲击。

4.水温传感器

水温传感器是负温度系数（Negative Temperature Coefficient，NTC）的热敏电阻，其电阻值随温度上升而减小。拆卸传感器时禁止热车条件下作业，安装时确保传感器完全拧入，冷却液无泄漏。

水温传感器检测方法如下：

①不同温度下的电阻值，温度与对应电阻参考见表 4.5。

表 4.5　温度与对应电阻参考

温度/℃	电阻/kΩ	温度/℃	电阻/kΩ
-40	45	-30	26
-10	9.5	0	5.9
10	3.8	30	1.7
50	0.85	70	0.45
90	0.25	110	0.15

②诊断仪读取数据流中的温度参数和传感器信号电压。

5.爆震传感器

爆震传感器安装在 2~3 缸的缸体上，安装时不允许使用任何垫圈，传感器必须以其金属面贴紧在气缸体上，安装螺栓拧紧力矩为(20±5) N · m。一般故障原因为各油液接触到传感器，对传感器造成腐蚀。

爆震传感器检测方法如下：

①测量传感器两根信号线之间的电阻，常温下为 4~5 MΩ；屏蔽线与传感器金属部分绝缘电阻大于 5 MΩ。

②用小锤轻敲传感器，用万用表毫伏挡，此时应有电压信号。

课堂笔记

五、技能训练

1.点火线圈检测

①结合维修手册及电路图熟识点火线圈针脚定义,完成表 4.6。

表 4.6 熟识点火线圈针脚定义

针脚号	导线颜色	功 能
PIN1		
PIN2		

②采用不同方法完成点火线圈单件检测。

用万用表检测初级线圈电阻:__________,□正常/□不正常。

用万用表检测次级线圈电阻:__________,□正常/□不正常。

③就车完成点火线圈及线路检测和诊断。

使用诊断仪读取故障码:□无/□有__________________。

使用诊断仪元件测试功能完成某一缸的点火测试,并观察发动机工作状态变化:□有/□无__________________。

用万用表检测初级线圈电源:__________,□正常/□不正常。

用试灯笔检测初级线圈脉冲信号:__________,□正常/□不正常。

使用示波器检测初级线圈信号波形,并绘制在图 4.29 中,□正常/□不正常。

U

O t

图 4.29 初级线圈信号波形

点火线圈及其线路性能良好:□是/□否,诊断故障为__________________
__________________。

2.曲轴位置传感器检测

①结合维修手册及电路图熟识曲轴位置传感器,完成表 4.7。

课堂笔记

表 4.7　熟识曲轴位置传感器

传感器类型		
传感器安装位置		
针脚号	导线颜色	功　能
PIN1		
PIN2		

②采用不同方法完成曲轴位置传感器单件检测。

用万用表检测传感器电阻:__________,□正常/□不正常。

注意:

曲轴位置传感器电阻测量需在常温稳态下完成。

用工具切割传感器磁场回路,万用表检测传感器电压:__________,□正常/□不正常。

③就车完成曲轴位置传感器及线路检测和诊断。

使用诊断仪读取故障码:□无/□有____________________________________。

使用示波器测量曲轴位置传感器信号波形,并绘制在图 4.30 中,□正常/□不正常。

图 4.30　曲轴位置传感器信号波形

曲轴位置传感器及其线路性能良好:□是/□否,诊断故障为____。

3.凸轮轴位置传感器

①结合维修手册及电路图熟识凸轮轴位置传感器,完成表 4.8。

表 4.8　熟识凸轮轴位置传感器

传感器类型		
传感器安装位置		
针脚号	导线颜色	功　能
PIN1		
PIN2		
PIN3		

课堂笔记

②就车完成凸轮轴位置传感器及线路检测和诊断。

使用诊断仪读取故障码:□无/□有____________________________________。

用万用表检测传感器电源线:__________,□正常/□不正常。

使用示波器测量传感器信号波形,并绘制在图 4.31 中,□正常/□不正常。

图 4.31 初级线圈信号波形

凸轮轴位置传感器及其线路性能良好:□是/□否,诊断故障为______________

____。

4.水温传感器

①结合维修手册及电路图熟识凸轮轴位置传感器,完成表 4.9。

表 4.9 熟识凸轮轴位置传感器

传感器类型		
传感器安装位置		
针脚号	导线颜色	功　能
PIN1		
PIN2		

②就车完成水温传感器及线路检测和诊断。

使用诊断仪读取故障码:□无/□有____________________________________。

使用诊断仪读取某工况下数据流的水温__________,□正常/□不正常。

传感器信号电压__________,□正常/□不正常。

水温传感器及其线路性能良好:□是/□否,诊断故障为______________

____。

5.爆震传感器

①结合维修手册及电路图熟识爆震传感器,完成表 4.10。

表 4.10　熟识爆震传感器

传感器安装位置		
针脚号	导线颜色	功　能
PIN1		
PIN2		
PIN3		

②采用不同方法完成爆震传感器单件检测。

用万用表检测传感器电阻:__________,□正常/□不正常。

用万用表检测屏蔽线绝缘电阻:__________,□正常/□不正常。

先用工具轻轻敲击传感器,再用万用表检测传感器电压:__________,□正常/□不正常。

③就车完成爆震传感器及线路检测和诊断。

使用诊断仪读取故障码:□无/□有________________________________。

使用诊断仪读取传感器相关数据流:__________,□正常/□不正常。

爆震传感器及其线路性能良好:□是/□否,诊断故障为____。

课堂笔记

任务十五　ME1788 发动机管理系统 DCT 分析

［目标］

➢ 能够识别 ME1788 系统 ECU 及接口针脚。

➢ 熟悉 ME1788 系统的 DCT 故障诊断流程。

［资源］

➢ 设备：CX70 整车、解码仪、万用表。

➢ 资料：CX70 ECU 电路图、维修手册。

一、ECU 型号及针脚识别

更换 ECU 时必须对型号进行仔细确认,软件标识完全一致才能更换。CX70 ME1788 系统 ECU 示意图,如图 4.32 所示,ECU 接口针脚分布如图 4.33 所示。

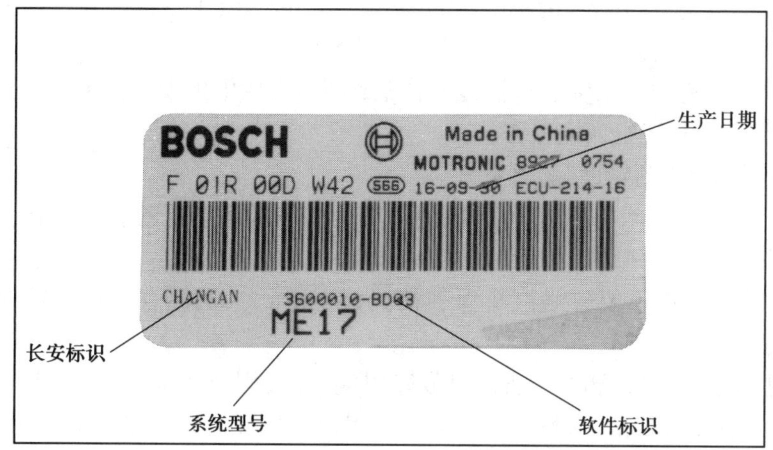

图 4.32　ME1788 系统 ECU 示意图

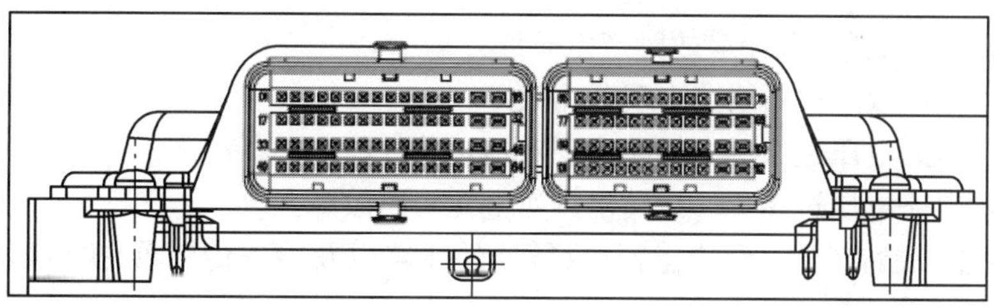

连接车辆侧															
1	2	3	4	5	6	7	8	9	10	11	12	13	14	15	16
17	18	19	20	21	22	23	24	25	26	27	28	29	30	31	32
33	34	35	36	37	38	39	40	41	42	43	44	45	46	47	48
49	50	51	52	53	54	55	56	57	58	59	60	61	62	63	64

连接发动机侧											
65	66	67	68	69	70	71	72	73	74	75	76
77	78	79	80	81	82	83	84	85	86	87	88
89	90	91	92	93	94	95	96	97	98	99	100
101	102	103	104	105	106	107	108	109	110	111	112

图 4.33　ME1788 系统 ECU 接口针脚分布图

二、ME1788 故障诊断系统

发动机管理系统不断地监测着传感器、执行器、相关的电路、故障指示灯和蓄电池电压等,乃至电子控制单元本身,并对传感器输出信号、执行器驱动信号和内部信号进行可信度检测。一旦发现某个环节出现故障,或者某个信号值不可信,电子控制单元立即在 RAM 的故障存储器中设置故障信息记录。故障信息记录以故障代码(DCT)的形式储存,并按故障出现的先后顺序显示。故障按其出现的频度可分为“稳态故障”和“偶发故障”。

课堂笔记

三、ME1788 系统 DCT 检修诊断流程

1.诊断说明

①已确认为稳态故障才进行如下检修,否则将导致诊断失误。

②下面提到“万用表”的场合指的是数字万用表,禁止用指针式万用表对电喷系统线路进行检查。

③检修具有防盗系统的车辆,若在“后续步骤”栏中出现更换 ECU 的情况,注意更换后对 ECU 进行匹配工作。

④下文中“诊断帮助”解释:

a.故障码无法清除,故障属稳态故障,若为偶发故障重点检查线束接头是否存在松脱现象。

b.检修过程中不要忽略汽车保养情况、汽缸压力、机械点火正时等对系统的影响。

c.更换 ECU,进行测试。若此时故障码能清除,则故障部位在 ECU;若此时故障码仍无法清除,则换回原有 ECU,重复流程,再次进行检修工作。

2.DCT(故障代码)类型及对策

(1)线路故障类

故障码一般描述及相应故障产生条件:

××××电路故障——线路出现断路故障;

××××电路电压过低——线路出现对地短路故障;

××××电路电压过高——线路出现对电源短路故障。

这时重点检查 ECU 到传感器/执行器的线路以及检查传感器/执行器本身的电路特性。

(2)状态故障类

故障码一般描述及相应故障产生条件:

××××信号不合理、××××信号故障——信号超出临界参考限值,或出现不合理的错误等。

这时重点检查传感器/执行器本身的特性以及信号发生附件的物理特性。

(3)特定故障类

针对某一特定故障内容而编制的故障码。

重点检查该故障码是否为稳态故障并根据故障产生条件来进一步检修。

3.典型 DCT 诊断流程

当车辆发动机管理系统故障灯常亮,可以应用专用解码器与车上的诊断接口对接,即可通过解码器获得故障码及故障部位和原因,并给予检修指导,此方法速度快、准确率高。

下面列举几种常见故障代码的诊断流程,按序号从步骤 1 开始检查,其余故障代码诊断流程可参考整车维修手册。

①表 4.11 故障代码:P000A 进气 VVT 运动响应速度慢。

表 4.11

步骤	操　作	检测结果	后续步骤
1	检查凸轮相位调节器工作状况是否正常(污物阻塞,机油泄漏,卡死)	是	下一步
		否	进行必要的检修、保养
2	检查 OCV 机油控制阀工作状况是否正常	是	更换 ECU 并测试
		否	参考诊断帮助

②表 4.12 故障代码:P0031 上游氧传感器加热控制电路电压过低。

表 4.12

步骤	操　作	检测结果	后续步骤
1	检查上游氧传感器加热控制电路引脚端是否对地短路	是	维修线束
		否	下一步
2	检查上游氧传感器加热控制电路线束端是否对地短路	是	维修线束
		否	下一步
3	ECU 端对应上游氧传感器加热引脚对地短路	是	检修 ECU
		否	参考诊断帮助

③表 4.13 故障代码:P0036 下游氧传感器加热控制电路故障。

表 4.13

步骤	操　作	检测结果	后续步骤
1	检查接插件接插是否不实或接触不良	是	重新接插
		否	下一步
2	检查下游氧传感器加热控制引脚是否断路	是	维修线束
		否	下一步
3	检查下游氧传感器加热电路供电端是否未接主继电器	是	维修线束
		否	下一步
4	检查传感器是否损坏	是	更换传感器
		否	下一步
5	ECU 端对应下游氧传感器加热引脚是否开路或内部电路是否损坏	是	检修 ECU
		否	参考诊断帮助

课堂笔记

④表 4.14 故障代码:P0105 进气压力传感器信号无变化。

表 4.14

步骤	操　作	检测结果	后续步骤
1	接上诊断仪,将点火开关置于“ON”	是	下一步
2	不启动发动机,观察数据流中“进气压力”项,是否严重偏离环境压力 101 kPa 左右(具体数值与当时气压有关)	是	维修、更换传感器
		否	下一步
3	点火开关置于“OFF”,检查传感器测量端是否存在结冰、油污等影响正常测量的问题	是	维修、更换传感器
		否	下一步
4	检查是否存在进气压力传感器安装位置错误,进气管路脱开、严重漏气等问题	是	修理进气管路、传感器
		否	参考诊断帮助

⑤表 4.15 故障代码:P0107 进气歧管压力传感器电路电压过低。

表 4.15

步骤	操　作	检测结果	后续步骤
1	接上诊断仪,点火开关置于“ON”。不启动发动机,用万用表测量进气歧管压力传感器信号端电压,是否接近或等于 0 V	是	下一步
		否	更换传感器
2	点火开关置于“OFF”,检查压力传感器信号端是否对地短路	是	维修线束
		否	下一步
3	检查传感器 5 V 电源端是否断路	是	维修线束
		否	下一步
4	检查 ECU 端对应的进气压力传感器信号引脚端是否对地短路	是	检修 ECU
		否	参考诊断帮助

⑥表 4.16 故障代码:P0118 冷却液温度传感器信号电压过高。

表 4.16

步骤	操　作	检测结果	后续步骤
1	接上诊断仪,将点火开关置于“ON”。不启动发动机,观察数据流中“进气温度传感器测量值”是否远低于当前环境温度。也可用万用表测量冷却液温度传感器信号端与地间电压,是否接近或等于 5 V	是	更换传感器
		否	下一步

课堂笔记

续表

步骤	操　作	检测结果	后续步骤
2	点火开关置于“OFF”，检查接插件接插是否不实或接触不良	是	重新接插
		否	下一步
3	检查传感器信号端是否对电源短路或开路	是	维修线束
		否	下一步
4	检查传感器接地是否开路	是	维修线束
		否	下一步
5	检查传感器是否损坏	是	更换传感器
		否	下一步
6	检查 ECU 对应的冷却液温度传感器信号引脚是否对电源短路、开路	是	检修 ECU
		否	参考诊断帮助

⑦表 4.17 故障代码：P0304“四缸失火发生”。

表 4.17

步骤	操　作	检测结果	后续步骤
1	检查是否存在对应缸与喷油器相关的故障代码	是	到对应缸喷油器相应故障代码
		否	下一步
2	接插件接插是否不实或脱开	是	重新接插
		否	下一步
3	点火线圈信号端是否开路或对地、对电源短路	是	修理或更换线束
		否	下一步
4	点火线圈供电端是否断路或对地短路	是	修理或更换线束
		否	下一步
5	点火线圈对地端是否断路或对电源短路	是	修理或更换线束
		否	下一步
6	检查点火线圈本身是否存在故障	是	更换点火线圈
		否	下一步
7	检查火花塞是否异常	是	更换火花塞
		否	下一步
8	ECU 相对应的点火线圈控制引脚是否开路、断路或内部电路损坏	是	检修 ECU
		否	参考诊断帮助

课堂笔记

⑧表 4.18 故障代码:P0121 电子节气门位置传感器信号 1 不合理。

表 4.18

步骤	操　作	检测结果	后续步骤
1	检查相关线束是否接插正常	是	下一步
		否	重新接插
2	接上诊断仪及转接器,将点火开关置于“ON”;清除故障代码,分别快踩和慢踩电子油门踏板数次,观察故障代码是否再现	是	下一步
		否	结束
3	观察数据流中“节气门绝对开度”项,数值是否为 4%~10%(具体数值与车型有异)	是	下一步
		否	到步骤 5
4	缓慢踩下油门到全开,观察数据流中“节气门绝对开度”项,数值是否随节气门开度增大而增大至 95%~100%	是	下一步
		否	到步骤 5
5	拔下线束上节气门位置传感器的接头,检查 ECU 的节气门 1 路信号针脚与传感器接头对应针脚之间线路是否有阻抗(不同车型可能针脚定义不同)	是	修理或更换线束
		否	下一步
6	拔下线束上节气门位置传感器的接头,检查 ECU 的节气门 1 路信号针脚与其他针脚之间阻抗是否合理(不同车型可能针脚定义不同)	是	下一步
		否	修理或更换线束
7	点火开关打到“ON”,检查传感器接头信号针脚和信号 5 V 电源针脚之间的电压值是否为 5 V 左右(不同车型可能针脚定义不同)	是	更换节气门
		否	修理或更换线束
8	点火开关打到“ON”,清除故障码,然后分别踩和慢踩电子油门踏板数次,观察故障代码是否再现	是	参考诊断帮助
		否	结束

四、技能训练

1.ME1788 系统 ECU 识别

就车完成训练用车的 ECU,核对信息,结合电路图认识接口针脚,并完成表 4.19。

表 4.19　认识接口针脚

ECU 型号		ECU 软件版本号	
针脚号	颜　色	功　能	
PIN58			
PIN67			
PIN85			
PIN91			
PIN107			

2.实车 DCT 诊断

请按照 DCT 诊断流程对训练用车进行诊断,并完成表 4.20。

表 4.20　故障诊断

车辆型号		车架号	
发动机型号		变速器型号	
故障代码 1			
诊断步骤:			
诊断结论			
故障代码 2			
诊断步骤:			
诊断结论			

任务十六　4G18 发动机机械系统

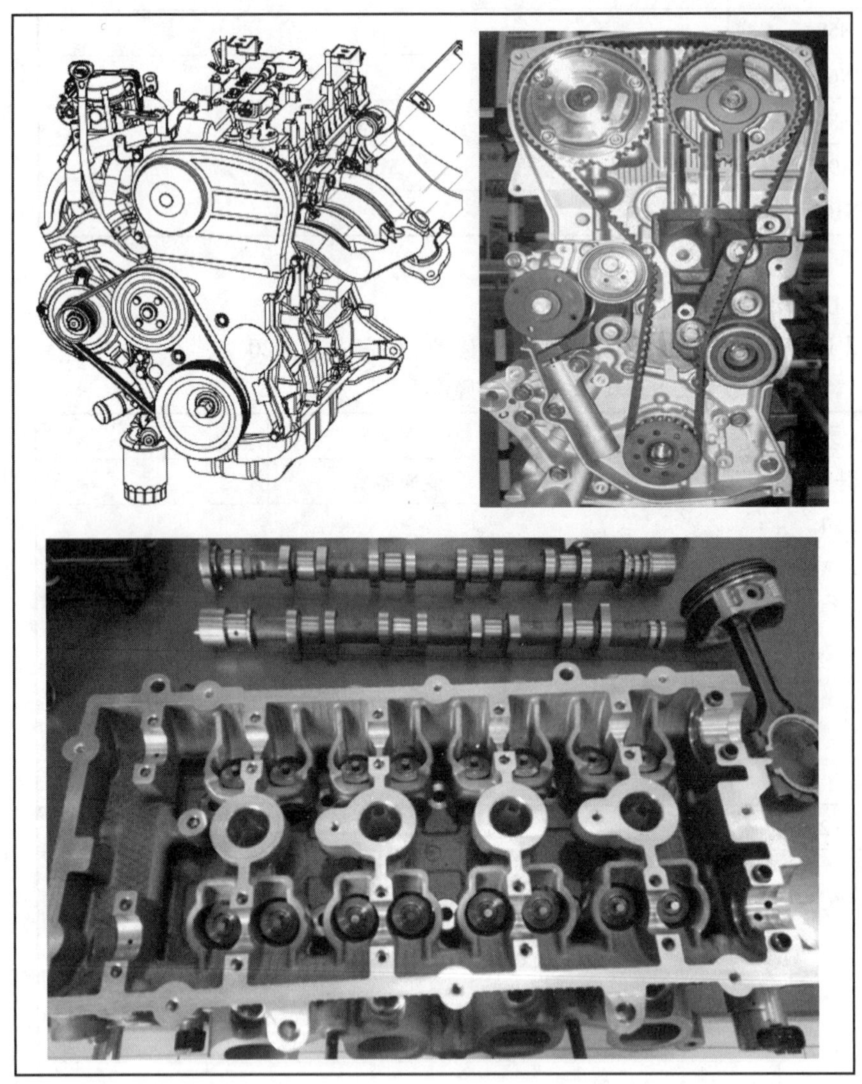

[目标]

➢ 熟悉 4G18 发动机机械结构及维修要求。

➢ 能熟练规范完成 4G18 发动机拆装。

➢ 能适配发动机轴瓦。

[资源]

➢ 设备:4G18 发动机总成、拆装工具。

➢ 资料:4G18 发动机维修手册。

课堂笔记

一、4G18 发动机检查与调整

①气缸压力：最小值 1.15 MPa，两汽缸之间的最大压差为 0.1 MPa。

②机油压力：怠速状态为 100~300 kPa，3 000 转油压标准为 200~500 kPa。

③气门间隙：进气门间隙为(0.22±0.04) mm，排气门间隙为(0.30±0.04) mm。

二、4G18 发动机大修

1.主要检修项目及标准

①缸盖检修：缸盖表面平面度为 0.03 mm 以下，磨削极限为 0.2 mm。

②缸体检修：缸体表面平面度标准值为 0.03 mm 以下，极限值为 0.1 mm 以下。

③轴瓦间隙：连杆轴瓦间隙标准值为 0.02~0.04 mm，极限值为 0.1 mm。主轴瓦间隙为 0.02~0.04 mm。曲轴轴向间隙标准值为 0.05~0.18 mm。

④汽缸检修：汽缸孔径为 75.5 mm，汽缸圆柱度为小于 0.01 mm，汽缸与活塞间隙标准值为 0.02~0.04 mm。

2.轴瓦选配

主轴瓦级别号=主轴颈级别号+主轴孔级别号

连杆瓦级别号=连杆轴颈号+连杆编码号之和与基数 4 比较，并换算为 1，2，3 级别。具体换算见表 4.21。

表 4.21　具体换算

选配方法		连杆瓦级别
轴颈级别 + 连杆级别	<4	1
	=4	2
	>4	3

4G18 发动机轴瓦选配各种级别标注位置如图 4.34 所示。

3.主要螺栓扭力要求

4G18 发动机主要螺栓扭力要求见表 4.22。

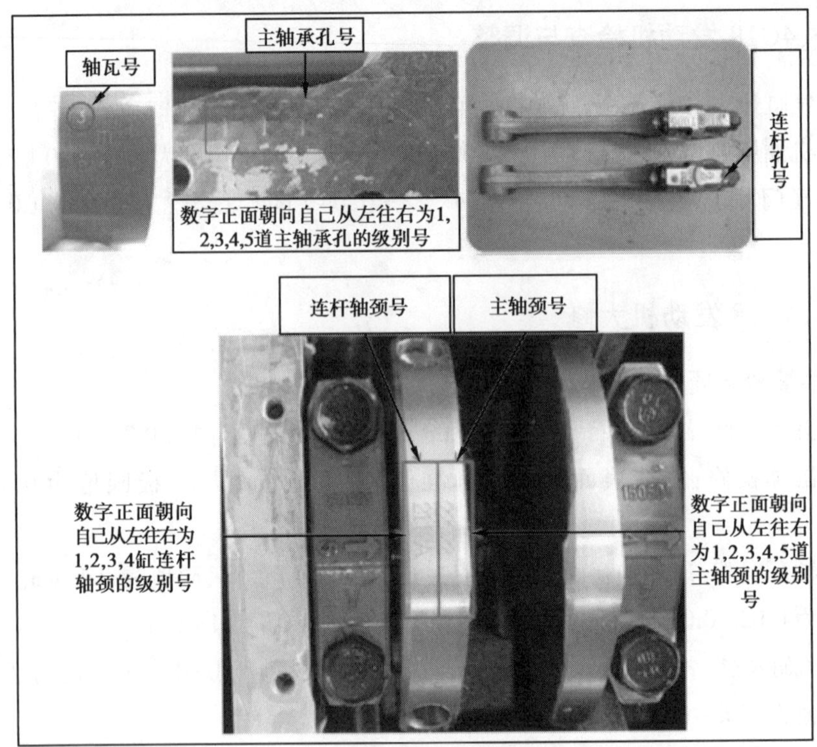

图 4.34　轴瓦选配的各种级别号标注位置

表 4.22　螺栓扭力要求

序号	种　类	扭力要求
1	缸盖螺栓	(20±2)N·m→180°→完全松开→(20±2)N·m→90°→90°
2	连杆螺栓	①(16.7±2)N·m ②90°~94°
3	轴承盖螺栓	①(34.3±2)N·m ②30°~34°
4	飞轮螺栓	130~137 N·m
5	曲轴皮带轮螺栓	176~186 N·m
6	排气凸轮轴正时齿轮螺栓	78~98 N·m
7	VVT 安装螺栓	50~60 N·m

其中,缸盖螺栓、连杆螺栓和轴承盖螺栓均采取扭力转角仪完成螺栓拧紧,扭力转角仪如图 4.35 所示。

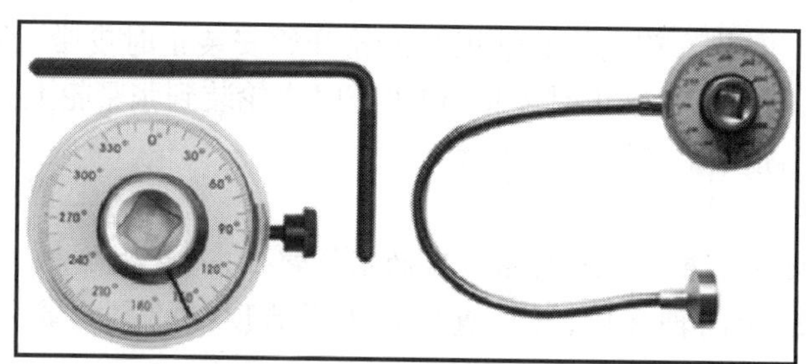

图 4.35　扭力转角仪

4.正时装配主要要点

①凸轮轴的前面,VVT 正时齿轮的插入部分(内外),VVT 正时齿轮螺栓螺纹部及螺栓帽的表面,VVT 正时齿轮螺栓面尽量少涂抹机油。

②将 VVT 正时齿轮确实可靠地插入内部,确保定位销已插入限位孔。再用扳手将凸轮轴的六角部位固定,确认 VVT 正时齿轮不发生运转。将 VVT 正时齿轮拧紧至(55±5)N·m。

③安装曲轴正时齿轮,保证曲轴正时齿轮上的正时记号与前壳体上的正时记号对准,如图 4.36 所示。

图 4.36　曲轴正时齿轮安装位置

④安装凸轮轴,保证 VVT 正时齿轮标记和凸轮轴正时齿轮标记分别与摇臂室罩上的标记对正,如图 4.37 所示。

图 4.37　凸轮轴正时安装

⑤正时皮带安装。首先从曲轴正时齿轮开始安装正时皮带,然后将皮带先后装到惰轮上,最后将凸轮轴正时齿轮、VVT 正时齿轮装到张紧轮上。

⑥安装自动张紧器,并拔下金属针。

注意:

折卸时需要用金属针将自动张紧器的顶杆锁住,以免被弹出。

⑦顺时针旋转曲轴 2 周,并检查自动张紧器顶杆的突出量在标准范围(4~5 mm),证明张力适当。

5.挺柱选配

顺时针转动曲轴,使活塞到达一缸压缩上止点,用厚薄规测量图 4.38 中箭头指示的气门间隙。再顺时针转动曲轴一圈,使活塞到达四缸压缩上止点,用厚薄规测量剩余气门的间隙。

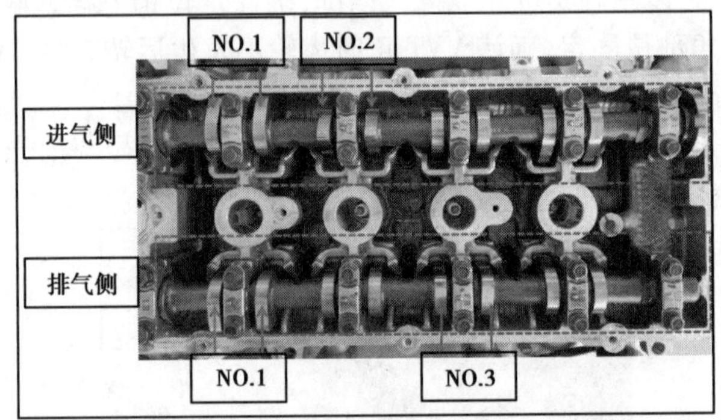

图 4.38　气门检测

如果气门间隙不符合要求,应通过以下等式计算需选配的气门挺柱厚度。

进气门:$A=B+(C-0.22\text{ mm})$

排气门:$A=B+(C-0.30\text{ mm})$

其中,A 表示新选配的气门挺柱厚度,B 表示原来的气门挺柱厚度,C 表示测量的气门间隙。

注意:

挺柱厚度范围为 2.70~3.30 mm,相邻型号差为 0.02 mm,共有 31 个型号(图4.39)。

图 4.39　挺柱型号

(图中 302 表示厚度为 3.02 mm,300 表示厚度为 3.00 mm)

三、4G18 发动机检测

1.拆解发动机

按照维修规范和要求，拆解发动机油底壳、正时机构及缸盖。

2.轴瓦选配及扭力转角仪使用练习

完成发动机轴瓦选配，并有扭力转角仪完成主轴承盖螺栓及连杆盖螺栓的装配练习，并填写表 4.23。

表 4.23　轴瓦选配及扭力转角仪使用练习

<table>
<tr><td>螺　栓</td><td colspan="3">预紧力矩</td><td colspan="2">拧紧角度</td></tr>
<tr><td>曲轴皮带轮螺栓</td><td colspan="3"></td><td colspan="2"></td></tr>
<tr><td>缸盖螺栓</td><td colspan="3"></td><td colspan="2"></td></tr>
<tr><td>连杆盖螺栓/螺母</td><td colspan="3"></td><td colspan="2"></td></tr>
<tr><td>主轴承盖螺栓</td><td colspan="3"></td><td colspan="2"></td></tr>
<tr><td colspan="6">主轴瓦选配</td></tr>
<tr><td>主轴承孔级别</td><td></td><td></td><td></td><td></td><td></td></tr>
<tr><td>主轴颈级别</td><td></td><td></td><td></td><td></td><td></td></tr>
<tr><td>主轴轴瓦级别</td><td></td><td></td><td></td><td></td><td></td></tr>
<tr><td colspan="6">连杆轴瓦选配</td></tr>
<tr><td>连杆孔级别</td><td></td><td></td><td></td><td colspan="2"></td></tr>
<tr><td>连杆轴颈级别</td><td></td><td></td><td></td><td colspan="2"></td></tr>
<tr><td>连杆轴瓦级别</td><td></td><td></td><td></td><td colspan="2"></td></tr>
</table>

3.气门间隙检测及挺柱选配

完成气门间隙检测，并对间隙不合适的挺柱给予选配，完成表 4.24。

表 4.24　气门间隙检测

进气侧	1	2	3	4	5	6	7	8
原挺柱厚度								
测量气门间隙								
新挺柱厚度								
排气侧	1	2	3	4	5	6	7	8
原挺柱厚度								
测量气门间隙								
新挺柱厚度								

4.装配发动机

按照维修规范和要求，完成发动机的装配。

模块五　底盘电控系统

【模块说明】

本模块主要介绍了底盘电控系统的电动助力转向系统(EPS)、车身电子稳定系统(ESP)和手动变速器的结构组成、工作原理及主要部件的检测诊断方法;阐述了 CX70 搭载的 MR515B03 变速器的动力传动路线、常见故障诊断和处理方法。

◆知识标准

- 能识别 EPS 系统、ESP 系统和手动变速器等的组成部件及功能;
- 能判断和检测各电控系统的主要部件性能;
- 能诊断底盘电控系统常见故障;
- 能掌握手动变速器的动力传动路线;
- 能完成手动变速器机械系统的拆装及主要部件的检修。

◆主要内容

- 电动助力转向系统
- 车身电子稳定系统
- 手动变速器

任务十七　电动助力转向系统

[目标]

- 理解电动助力转向系统控制原理及逻辑。
- 识别并说明电动助力转向系统组成部件及功能。
- 能判断和检测电动助力转向系统主要部件性能。
- 运用电动助力转向系统的知识和检测方法,有效地诊断该系统的故障。

[资源]

- 设备:CX70 整车、万用表、试灯、诊断仪、示波器。
- 资料:CX70 配套电路图、维修手册。

课堂笔记

一、功能

电动助力转向系统(Electric Power Steering,EPS)直接依靠电机提供辅助扭矩的动力转向系统。在发动机启动后,EPS 系统开始提供助力;当发动机信号和车速信号都正常时,EPS 系统才能正常工作,否则不正常或不工作。

二、结构及组成

EPS 系统的构成,一般由转矩(转向)传感器、电子控制单元(ECU)、电动机组成。EPS 系统的组成及插接件如图 5.1 所示。

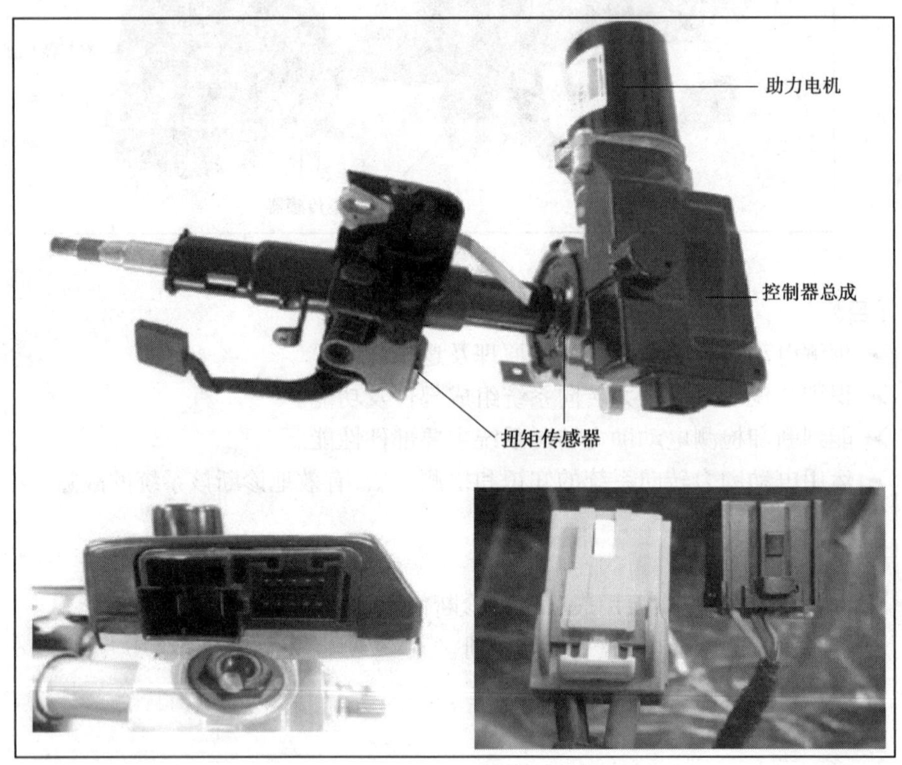

图 5.1　EPS 系统的组成及插接件

三、基本原理

汽车在转向时,ECU 检测扭矩传感器及 CAN 线传输的发动机转速及车速信号,通过计算处理,向电动机控制器发出动作指令,从而电动机就会根据具体的需要输出相应大小的转动力矩。CX70 EPS 电路图如图 5.2 所示,保险位置如图 5.3 所示。

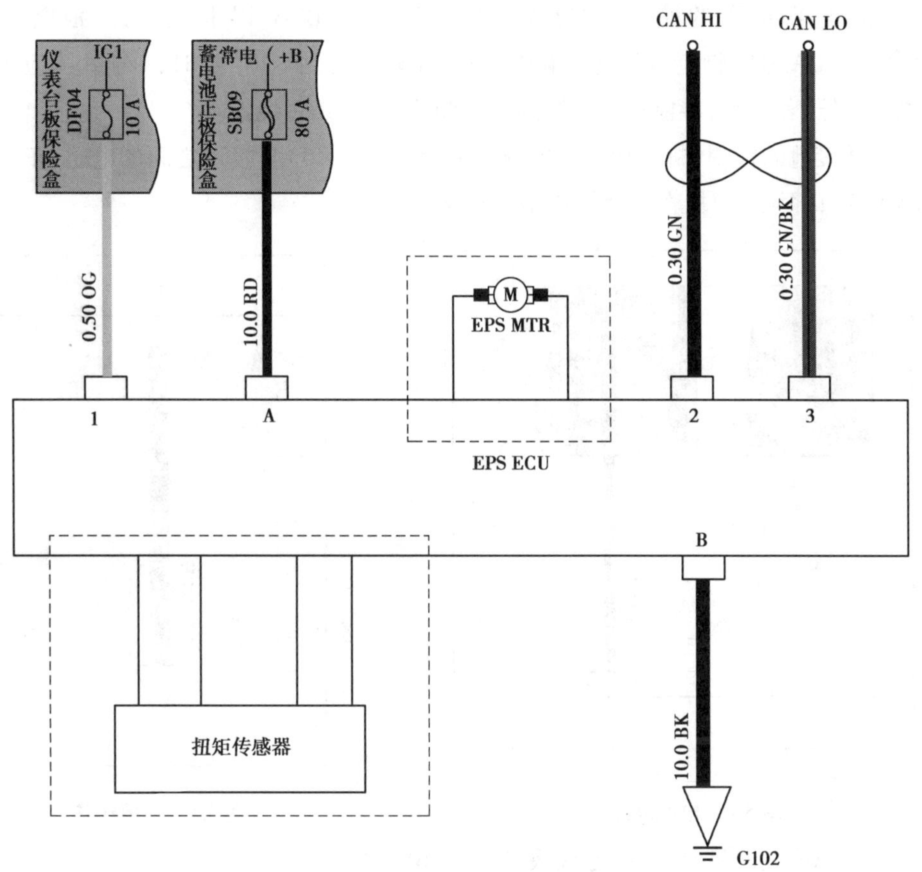

图 5.2　EPS 电路图

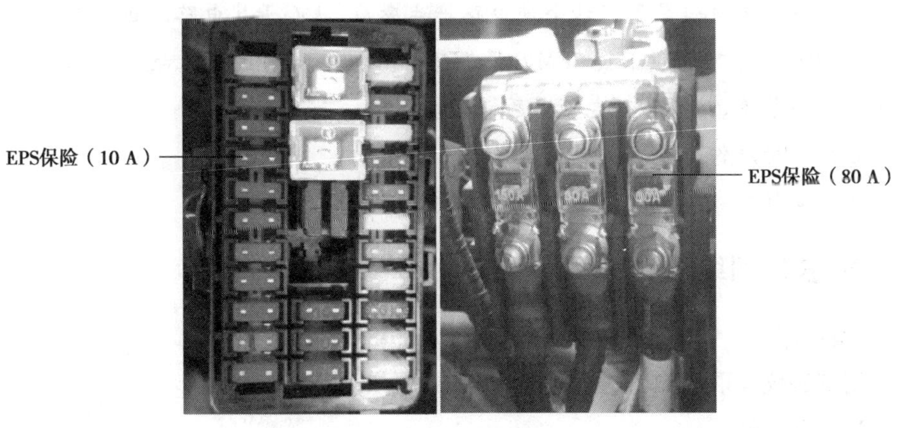

图 5.3　保险位置

四、检测方法

EPS 系统的检查，如果故障灯亮，用解码仪读取故障码，根据故障码的提示进行操作。

课堂笔记

①电源电路的检测，蓄电池电压应保持在 12 V 以上，检测两根电源线(图 5.4)，A 号针脚应为蓄电池电压，当点火开关打到“ON”挡时，1 号针脚应为蓄电池电压，若不是，再检查电源线路是否断路，保险是否烧毁。

②接地的检测，断电状态下检测 B 号针脚(图 5.5)与接地之间的电阻，正常值小于 5 Ω，否则，应检查接地线路是否断路。

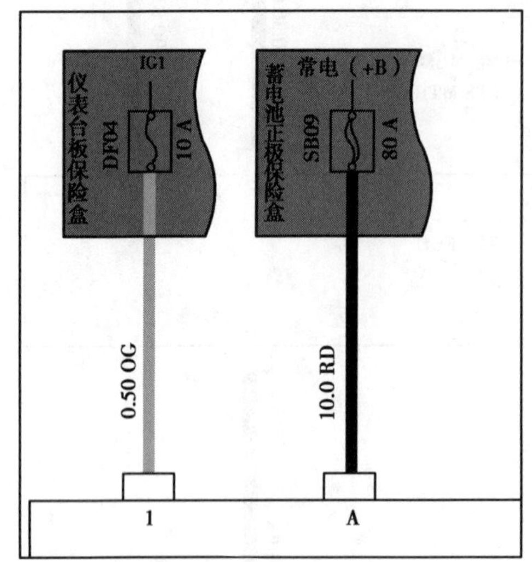

图 5.4　电源电路

B
10.0 BK
G102

图 5.5　接地线路

③CAN 线的检测，请参考模块二 CAN-BUS 系统。

注意：

①高压或大电流装置可能会使电路产生感应，从而干扰电路的正常工作。

②EPS 部件对电磁干扰(EMI)很敏感。如果怀疑有间歇性故障，应检查售后加装的防盗装置、灯或移动电话是否正确。

③检查标准件是否破损或有改装。

④转向柱总成不允许解体，必须整体更换。

五、技能训练

1.解码仪

用解码仪读取故障、数据流、对中，其界面如图 5.6 所示。

2.电路检测

按照表 5.1 检测电动助力转向系统电路。

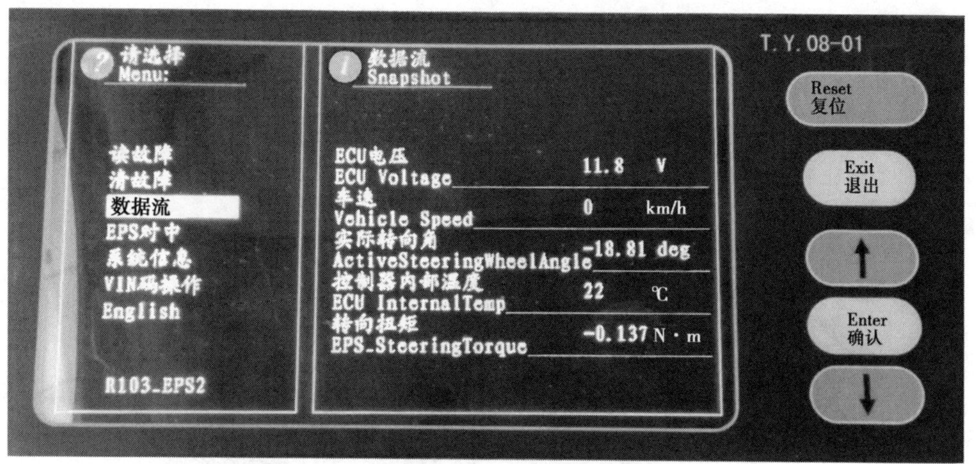

图 5.6　解码仪界面

表 5.1　电路检测项目

序号	项　目		测量值	是否正常
1	电源线路	常电电压		
		点火开关提供电压		
2	接地线路	与接地间的电阻		
3	CAN 线	CAN-H 与 CAN-L 之间的电阻		
		CAN-H 电压		
		CAN-L 电压		

任务十八　车身电子稳定系统

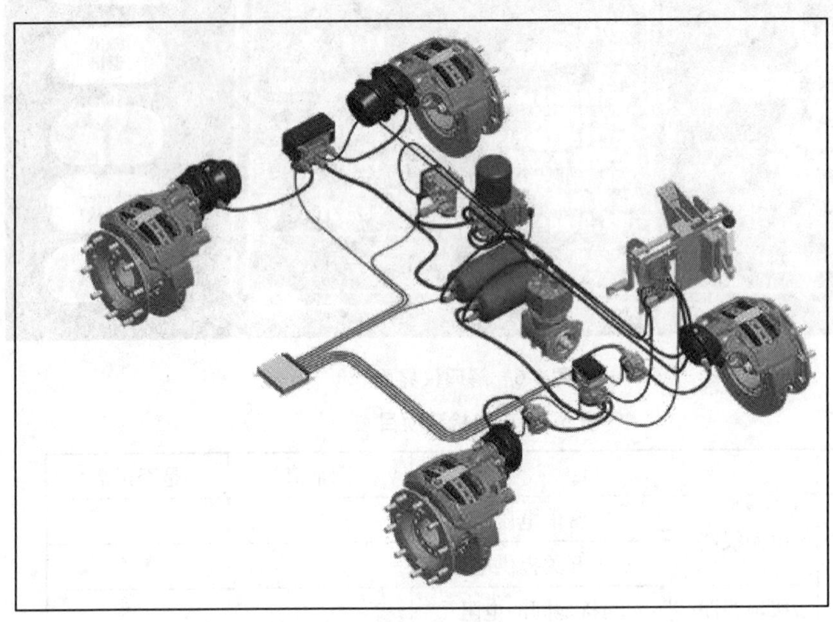

[目标]

➢ 理解 ESP 系统控制原理及逻辑。
➢ 识别并说明 ESP 系统组成部件及功能。
➢ 能判断和检测 ESP 系统主要部件性能。
➢ 运用 ESP 系统的知识和检测方法,有效地诊断 ESP 系统相关故障。

[资源]

➢ 设备:CX70 整车、万用表、试灯、诊断仪、示波器。
➢ 资料:CX70 配套电路图、维修手册。

课堂笔记

一、功能

车身电子稳定系统(Electronic Stability Program,ESP)是一种主动安全控制系统,它是建立在其他牵引控制系统之上的一个非独立系统。其具体功能见表5.2。

表 5.2　组成及功能

简　称		全　称
ESP	ABS	Anti-lock Brake System
	EBD	Electronic Brake-force Distribution
	TCS	Traction Control System
	ESC	Electronic Stability Control
	HBA	Hydraulic Brake Assistant
	HBB	Hydraulic Brake Boost
	HHC	Hill Hold Control

①ABS:防止制动时车轮出现抱死,在提供最大制动强度的同时,使车辆具有转向性和稳定性。

②EBD:在 ABS 起作用以前,或者由于特定的故障导致 ABS 失效后,仍可调节后轮制动力,保证后轮不会先于前轮抱死,以保证车辆的安全。

③TCS:通过检测车辆驱动轮打滑情况,控制制动力矩及发动机输出扭矩,防止或降低驱动轮打滑情况,提高车辆行驶稳定性、加速性能和爬坡能力。

④ESC:通过有选择性的分缸制动或发动机管理系统干预,防止车辆滑移。

⑤HBA:通过检测制动主缸压力和压力变化速度识别紧急制动工况,快速主动增压以达到 ABS 触发压力,尽可能缩短制动距离。

⑥HBB:帮助驾驶员在坡道上不使用手刹以及制动踏板,在不溜车的情况下起步,防止车辆下滑造成事故。

⑦HHC:一种液压系统补偿功能,用于在真空不足时,对制动主缸压力进行补偿。

二、结构及组成

ESP 系统的主要部件包括信号输入部分(轮速传感器、压力传感器、横向加速度传感器、纵向加速度传感器、ESP 开关和制动灯开关)、ABS/ESP 总成和执行器(制动分泵、制动总泵和真空助力器)部分,系统结构和主要组件如图 5.7 所示。

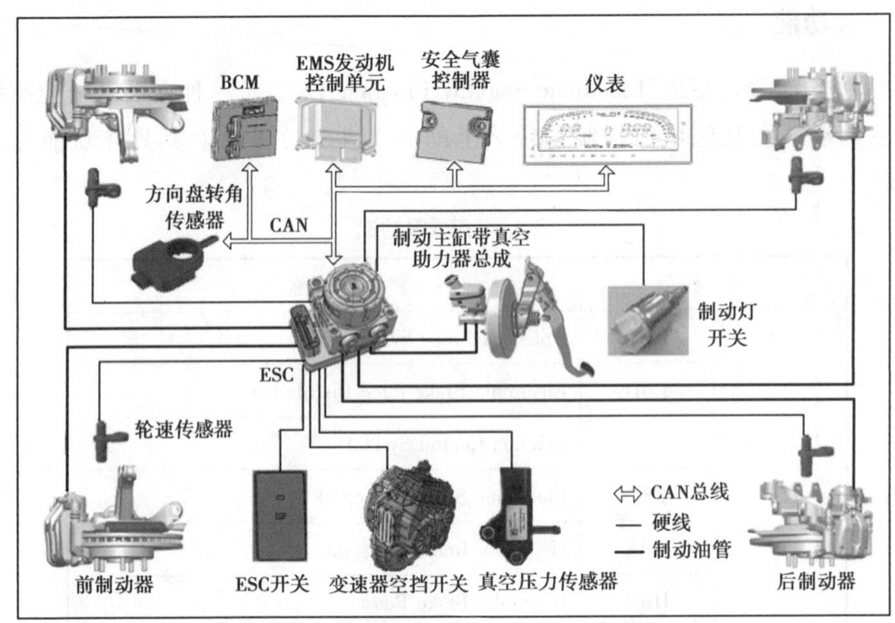

(a) ESP系统结构图

(b) ABS/ESP总成

(c) 角度传感器

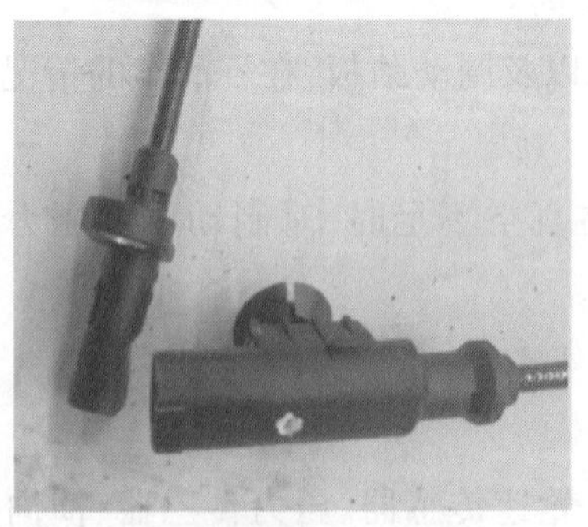

(d) 轮速传感器

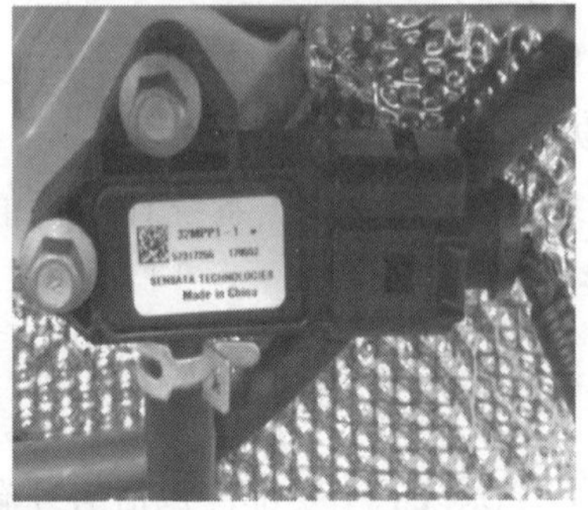

(e) 真空度传感器

图 5.7　ESP 系统结构图和主要组件图

三、基本原理

ESP 系统通过方向盘转角信号判断驾驶员的驾驶意图，通过 4 个轮速传感器，以及集成在 ESP 系统内部的横向加速度和侧向加速度传感器、横摆角速度传感器得知目前的车辆运动状态，将两种状态进行对比，如果实际运动状态不符合驾驶员的驾驶意图，则通过请求发动机管理系统降扭和液压制动管路主动建压对特定车轮进行制动，使车辆根据驾驶员意图行驶，确保车辆的行驶稳定性和转向稳定性。CX70 ESP 系统电路图如图 5.8 所示，保险位置图如图 5.9 所示。

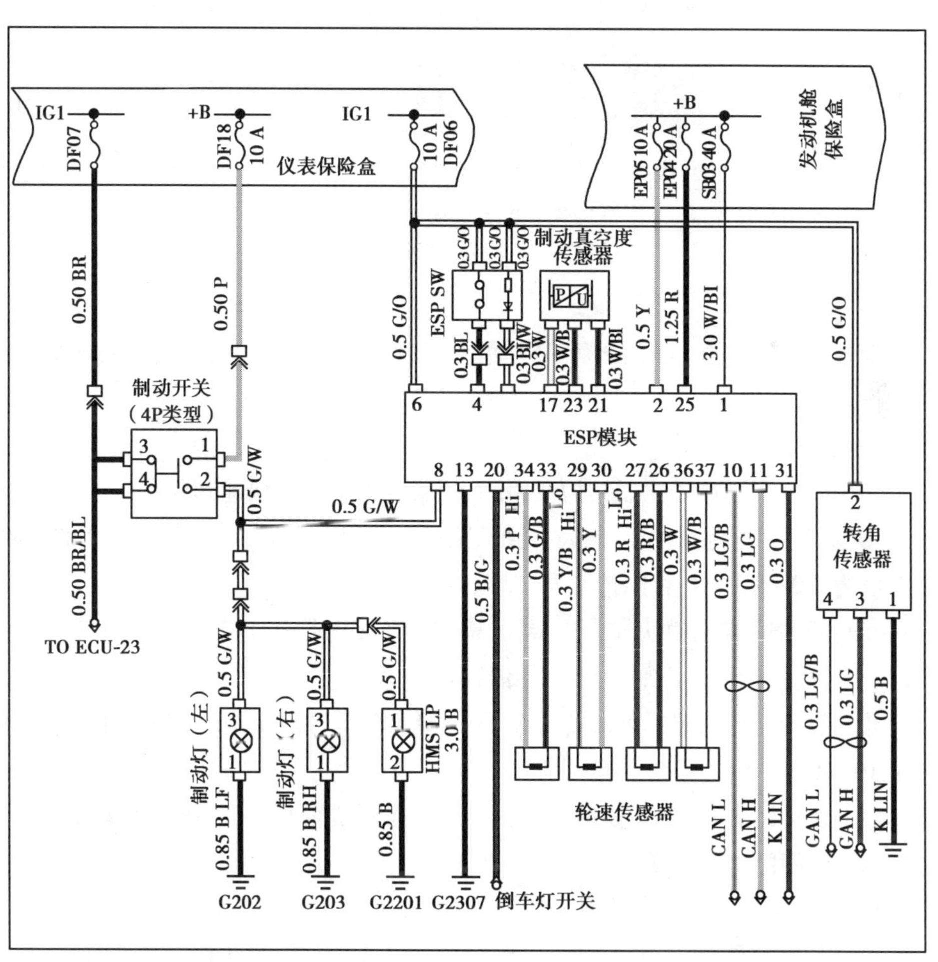

图 5.8　CX70 ESP 系统电路图

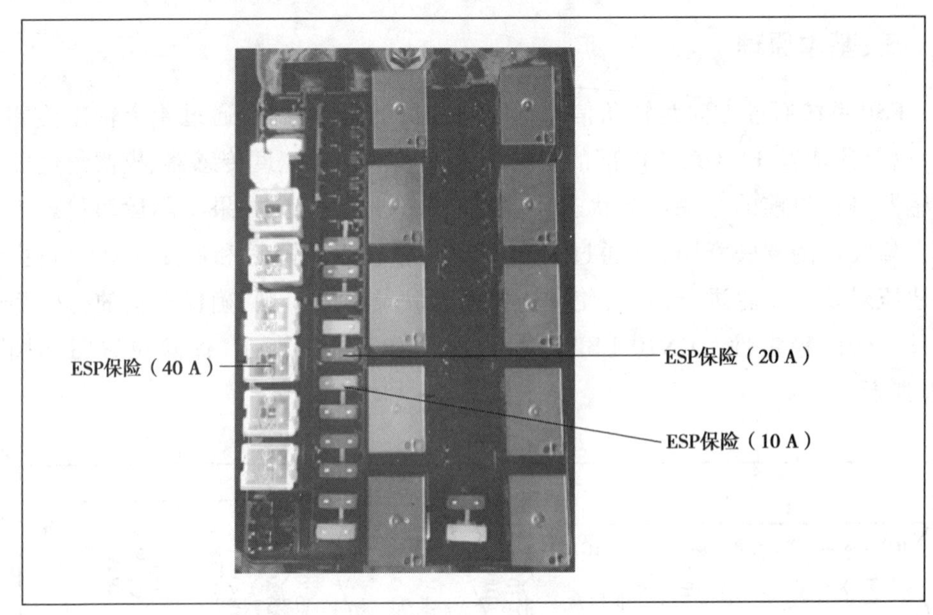

图 5.9　ESP 系统保险位置图

四、检测方法

ESP 系统的检查，如果故障灯亮，用解码仪读取故障码，根据故障码的提示进行操作。

1.轮速传感器检测

结合磁电式轮速传感器结构及原理，可采取以下方法快速判断：

①（卸下接头）把数字万用表打到欧姆挡，测量传感器针脚 1 和针脚 2 的电阻，标准值为 1.0~1.3 kΩ，否则传感器烧坏。

②断开 ESP 控制模块线束连接器，检查轮速传感器和 ESP 控制单元之间的线束。正常值小于 5 Ω，否则之间的线束断路。

③测量轮速传感器线束端插头端子 1、端子 2 与可靠接地之间的电阻，标准值大于 10 MΩ 或更高，否则更换线束。

除上述检测方法外，还要检查轮速传感器齿圈是否有变形、缺齿现象和传感器与齿圈之间间隙是否正常。

2.ESP 控制单元的检测（图 5.10）

①电源电路检测，蓄电池电压应保持在 12 V 以上，检测 3 根电源线，ESP 控制单元端子 1、端子 2、端子 25 与可靠接地之间的电压，标准电压为蓄电池电压，否则说明是端子 1、端子 2、端子 25 与蓄电池总成正极线束断路故障和保险故障。

②接地检测，断电状态下检测 13 端子与接地之间的电阻，正常值小于 5 Ω，否则检查接地线路是否断路。

③CAN 线的检测，请参考模块二 CAN-BUS 系统。

课堂笔记

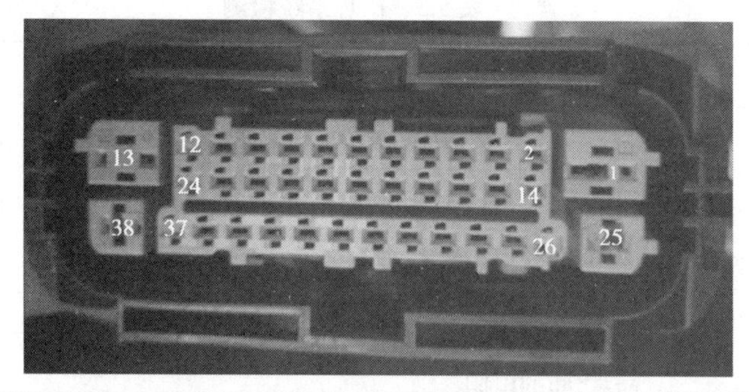

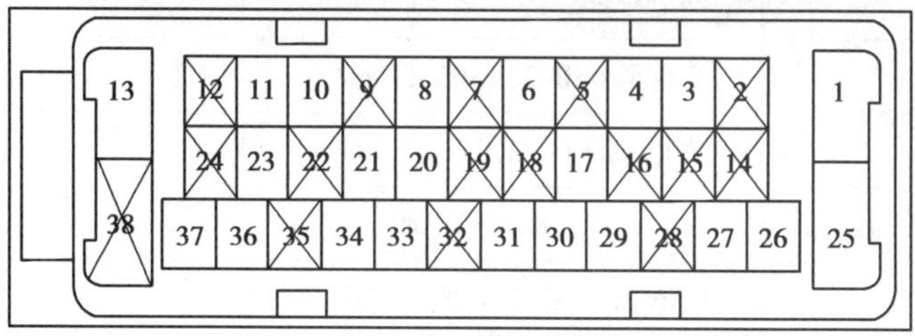

图 5.10　ESP 控制单元端子图

五、技能训练

1.解码仪

用解码仪操作读取故障、数据流、系统测试、系统标定和读写数据功能，界面如图 5.11 所示。

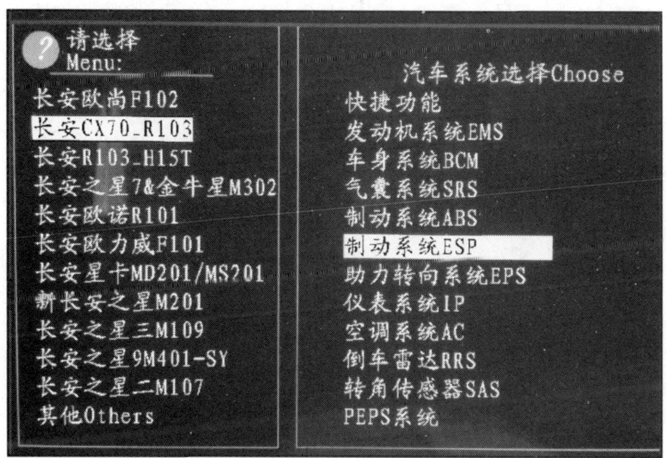

图 5.11　解码仪界面

2.系统检测

利用维修手册，按照表 5.3 完成 ESP 系统的检测。

课堂笔记

表 5.3　ESP 系统检测

序号	项　目		测量值	是否正常
1	轮速传感器	传感器电阻		
		轮速传感器和 ESP 控制单元之间的线束电阻		
		传感器线束端插头端子与接地之间的电阻		
2	电源线路	保险(SB03,EF05,EF06)		
		常电电压(1,2,25 端子电压)		
3	接地线路	与接地间的电阻		
4	CAN 线	CAN-H 与 CAN-L 之间的电阻		
		CAN-H 电压		
		CAN-L 电压		

注:可选择任何一个轮速传感器进行检测。

任务十九　手动变速器

[目标]

➢ 理解手动变速器的机构及工作原理。
➢ 掌握手动变速器的拆装及检查要点。
➢ 掌握分析变速器的动力传递路线方法,诊断常见故障。

[资源]

➢ 设备:长安变速器 MR515 B03、拆装通用工具、拉拔器、塞尺。
➢ 资料:CX70 维修手册。

课堂笔记

一、功能

①改变传动比，扩大发动机的驱动轮扭矩和转速变化范围，以适应汽车各种条件下的动力需要和行驶条件，同时使发动机在有利工况下工作。

②在发动机曲轴旋转方向不变的条件下，可实现汽车的倒车行驶要求。

③可中断发动机动力传递，以满足汽车短暂停驶和滑行等情况的需要，便于变速器换挡或进行动力输出。

二、结构及组成

CX70 搭载的变速器型号是 MR515 B03。该变速器为手动五挡变速器，适用于发动机前置后驱的车型有 5 个前进挡和一个倒挡，所有的前进齿轮为常啮合式，而倒挡齿轮则为滑动惰轮齿轮装置。其最大输入扭矩为 145 N · m，壳体采用前后箱分箱式，结构刚性好，易于加工，拆装方便，结构紧凑合理，采用了惯性同步器，使换挡可靠、平稳、灵活。变速器的主要技术参数见表 5.4。

表 5.4 变速器的主要技术参数

型号	最大输入扭矩 /(N · m^{-1})	各挡传动比						信号盘齿数
		一挡	二挡	三挡	四挡	五挡	倒挡	
MR515 B03	145	4.388	2.713	1.752	1.232	1	4.058	15

MR515 B03 变速器按功用和位置分为 7 大组件：前箱体、后箱体、延伸箱体、输入轴组件、中间轴组件、主轴组件和换挡换位组件，如图 5.12 所示。其内部为三轴式，即输入轴、中间轴和主轴。动力由输入轴输入，通过中间轴，从主轴输出。MR515 B03 变速器通过换挡换位组件带动换挡轴绕其中心转动实现换位换挡杆的轴向运动，换挡时通过惯性同步器以实现柔性换挡。MR515 B03 变速器依靠齿轮副和同步器实现动力的传递和变换。

三、基本原理

MR515 B03 变速器各挡动力传递路线如图 5.13 所示，其内部齿轮传动系统如图 5.14 所示。

课堂笔记

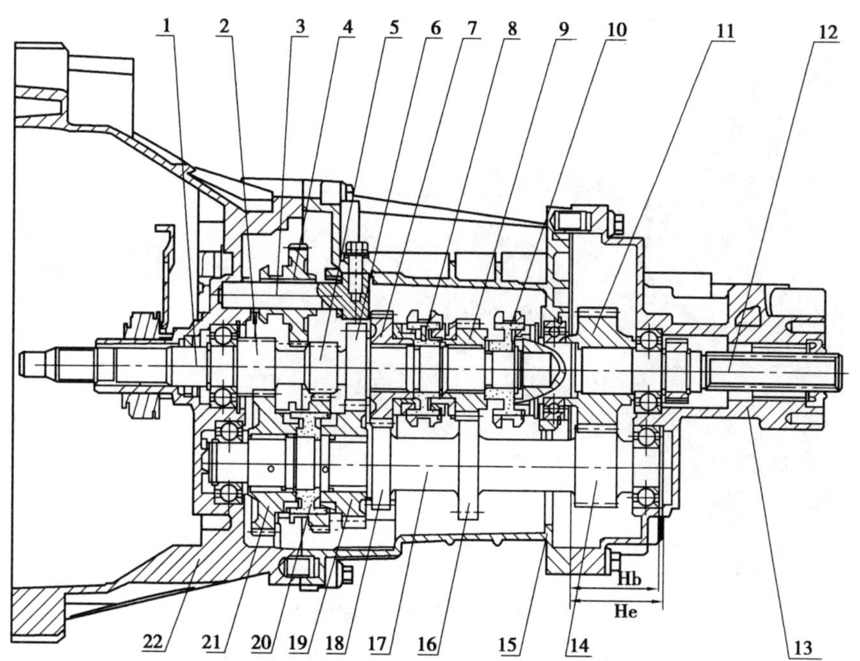

图 5.12　MR515 B03 变速器结构示意图

1—输入轴；2—输入轴一挡齿轮；3—倒挡空转齿轮轴；4—倒挡空转齿轮；5—输入轴倒挡齿轮；6—输入轴二挡齿轮；7—输入轴四挡齿轮；8—高速同步器；9—输入轴三挡齿轮；10—五挡同步器；11—主轴传动齿轮；12—主轴；13—延伸箱；14—中间轴常啮合齿轮；15—后箱；16—中间轴三挡齿轮；17—中间轴；18—中间轴四挡齿轮；19—中间轴二挡齿轮；20—低速同步器；21—中间轴一挡齿轮；22—前箱

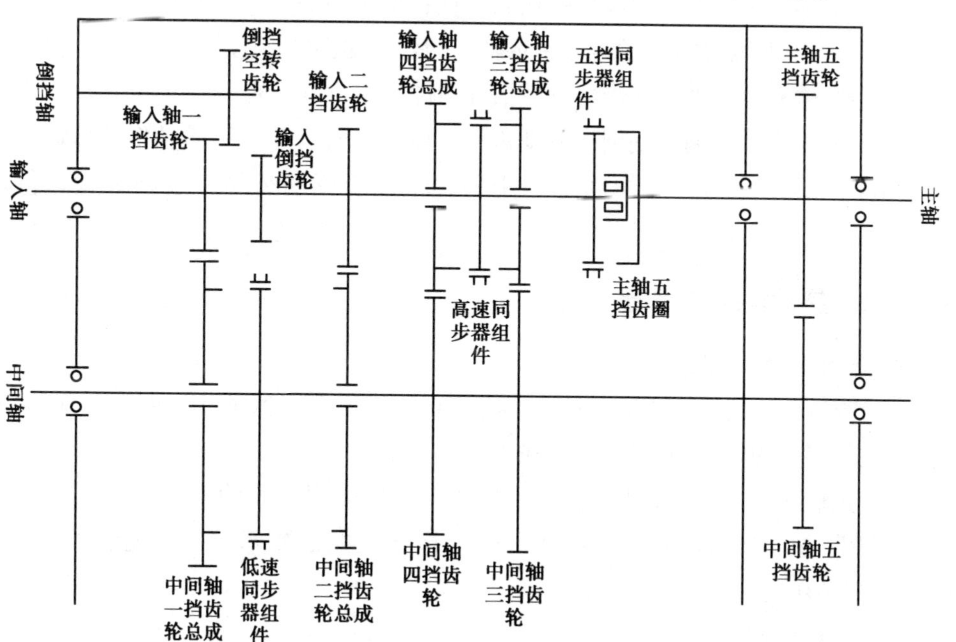

图 5.13　MR515 B03 变速器各挡动力传递路线示意图

课堂笔记

图5.14　MR515 B03变速器齿轮传动系统

一挡:输入轴→输入轴一挡驱动齿轮→中间轴一挡传动齿轮→低速同步器→中间轴→中间轴常啮合驱动齿轮→主轴常啮合传动齿轮→主轴。

二挡:输入轴→输入轴二挡驱动齿轮→中间轴二挡传动齿轮→低速同步器→中间轴→中间轴常啮合驱动齿轮→主轴常啮合传动齿轮→主轴。

三挡:输入轴→高速同步器→输入轴三挡驱动齿轮→中间轴三挡传动齿轮→中间轴→中间轴常啮合驱动齿轮→主轴常啮合传动齿轮→主轴。

四挡:输入轴→高速同步器→输入轴四挡驱动齿轮→中间轴四挡传动齿轮→中间轴→中间轴常啮合驱动齿轮→主轴常啮合传动齿轮→主轴。

五挡:输入轴→五挡同步器→主轴五挡传动齿轮→主轴。

倒挡:输入轴→输入轴倒挡驱动齿轮→倒挡空转齿轮→中间轴倒挡传动齿轮(低速同步器结合套)→中间轴→中间轴常啮合驱动齿轮→主轴常啮合传动齿轮→主轴。

四、重要零部件检查

1.检查输入轴组件

检查输入轴齿轮有无轮齿折断、齿面点蚀、齿面严重磨损和齿面胶合现象,若有上述任何一种情况,则必须更换输入轴。

检查输入轴花键有无严重磨损和损坏,若有则必须更换输入轴。

用手"感觉"轴承转动是否灵活,有无卡滞现象,若轴承转动不灵活或有卡滞现象,则必须更换轴承。

2.检查中间轴组件

检查中间轴齿轮有无轮齿折断、齿面点蚀、齿面严重磨损和齿面胶合现象,若有上述任何一种情况，则必须更换中间轴。

注意：

中间轴右轴承内圈不能拆装，如更换中间轴或中间轴右轴承内圈，需两个零件同时更换。

用手“感觉”轴承转动是否灵活，有无卡滞现象，若轴承转动不灵活或有卡滞现象，则必须更换轴承。

3.检查主轴组件

检查主轴齿轮有无轮齿折断、齿面点蚀、齿面严重磨损和齿面胶合现象，若有上述任何一种情况，则必须更换主轴。

用手“感觉”轴承转动是否灵活，有无卡滞现象，若轴承转动不灵活或有卡滞现象，则必须更换轴承。

4.检查齿轮和同步器齿环

将同步器齿环贴合在配对的齿轮锥面上，检查齿轮结合齿和齿环之间的间隙，如图 5.15 所示，具体要求见表 5.5。若间隙已达到或超过极限值，则必须更换零件。

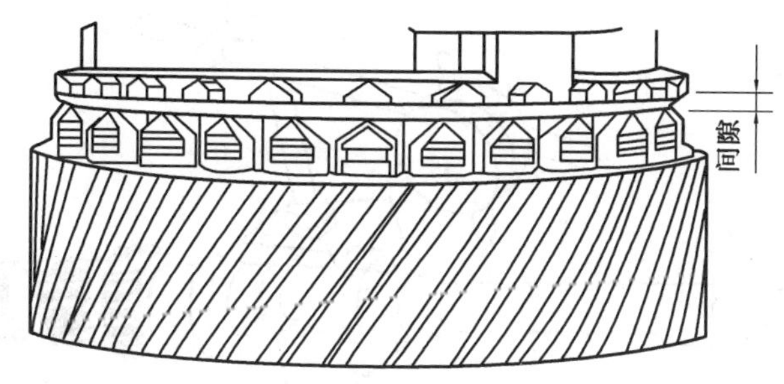

图 5.15　齿环端面间隙的检查方法

表 5.5　齿轮结合齿和齿环端面的间隙

齿轮结合齿和齿环端面的间隙	理论间隙/mm	极限间隙/mm
	0.8~1.2	0.5

5.检查同步器组件环端面的间隙

检查同步器组件的滑动灵活性，如图 5.16 所示，若有卡滞现象则修复或更换。要做到正确判断零件是否需要更换，就必须仔细检查拨叉和同步器结合套的端面间隙。使用塞规，检查拨叉和同步器结合套之间的间隙 a，如图 5.17 所示，如果超过极限 1.0 mm，需更换这类零件。

课堂笔记

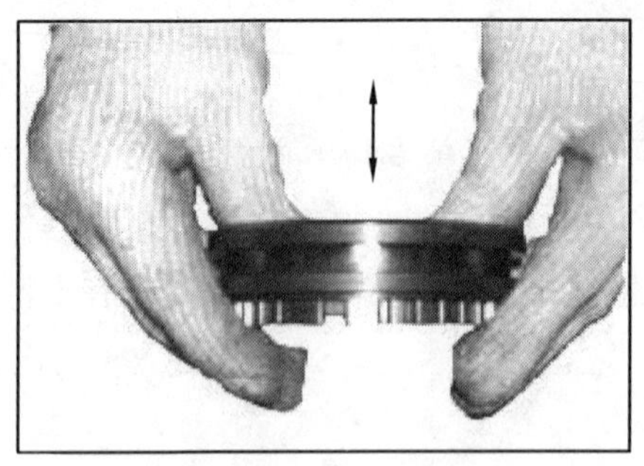

图 5.16 同步器滑动灵活性检查方法

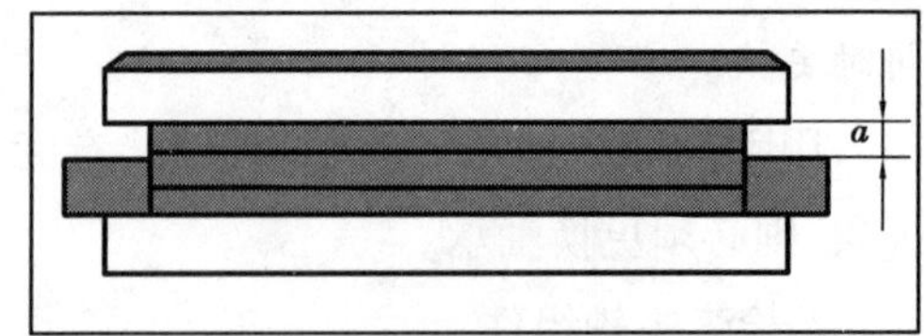

图 5.17 拨叉端面间隙的检查

6.变速器轴检测

目视检查各轴,不应有裂纹,轴径及花键不应有严重磨损,轴上的齿轮不应有断齿和严重磨损,否则应更换。检查轴的径向圆跳动,如图 5.18 所示,当轴的长度为 120~250 mm 时,中部径向圆跳动不应超过 0.03 mm;当轴的长度为 250~500 mm 时,不应超过 0.06 mm,否则需更换。

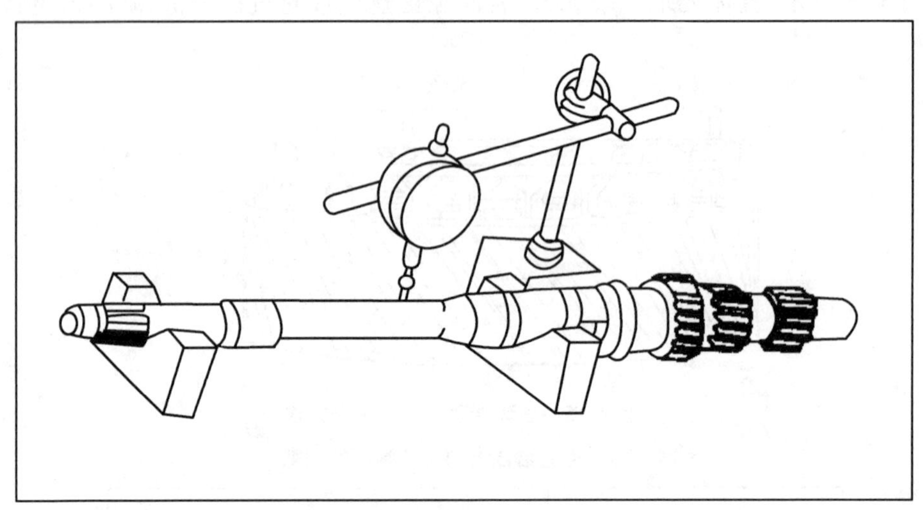

图 5.18 变速器轴的检测方法

轴的磨损程度一般用圆度和圆柱度表示。圆度误差是指同一截面上磨损的不均匀性,用同一横截面上不同方向测得的最大直径与最小直径差值之半作为圆度误差。圆柱度误差是指轴的轴向截面上磨损的不均匀性,用被测轴表面任意位置所测得的最大直径与最小直径差值之半作为圆柱度误差。装滚柱轴承处,极限为 0.07 mm;装滚珠轴承内圈,极限为 0.02 mm,超过应更换。

五、常见故障诊断

变速器总成常见故障诊断及处理方法,见表 5.6。

表 5.6　变速器总成常见故障诊断及处理方法

故障模式	原　因	处理方法
打滑脱挡	换挡叉轴磨损	更换
	换挡拨叉或同步器套磨损	更换
	同步器结合套和齿轮的倒角齿磨损	更换同步器结合套和齿轮
换挡困难	润滑油不足	补加
	离合器踏板自由行程不对	调整
	离合器摩擦片总成变形或损坏	更换
	离合器压盘总成损坏	更换压盘总成
	同步器齿环磨损	更换
	同步器结合套或齿轮的倒角齿磨损	更换同步器结合套或齿轮
	换挡轴变形	更换
	拉索未调整到合适位置	调整拉索
噪声	润滑油不足	补加
	轴承损坏或磨损	更换
	齿轮损坏或磨损	更换
	同步器零件损坏或磨损	更换
	液压分离轴承异响(踩离合“吱吱”声)	更换液压分离轴承
渗漏油	输入轴油封磨损或损坏	更换
	油塞处漏油	更换
	一二挡锁紧螺栓密封胶失效	更换
	五挡倒挡锁紧螺栓密封胶失效	更换
	法兰油封漏油	更换
	延伸箱油封漏油	更换

六、技能训练

1.变速器拆装分析

参照维修手册，拆装变速器，检查齿轮、轴承等磨损情况，分析各挡变速器动力传递路线，并做好记录。

____

____

____

____。

课堂笔记

2.检查齿轮和同步器齿环

将同步器齿环贴合在配对的齿轮锥面上，按表 5.7 检查齿轮结合齿和齿环的端面间隙。若间隙已达到或超过极限值，则必须更换零件。

表 5.7 检查齿轮结合齿和齿环的端面间隙

挡位	理论间隙/mm	极限间隙/mm	实际间隙/mm	结 论
一挡	0.8~1.2	0.5		
二挡	0.8~1.2	0.5		
三挡	0.8~1.2	0.5		
四挡	0.8~1.2	0.5		
五挡	0.8~1.2	0.5		

3.检查同步器组件环端面的间隙

按表 5.8 检查各挡拨叉和同步器结合套的端面间隙。若间隙已达到或超过极限值，则必须更换零件。

表 5.8 检查各挡拨叉和同步器结合套的端面间隙

挡 位	极限间隙/mm	实际间隙/mm	结 论
低速同步器	1.0		
高速同步器	1.0		
五挡同步器	1.0		

4.检查中间部位轴承轴颈

按表 5.9 检查中间部位轴承轴颈。

表 5.9 检查中间部位轴承轴颈

检测项目	检测结果	技术标准	处理意见
输入轴径向圆跳动			
轴颈圆度误差（游标卡尺测量）			
轴颈圆柱度误差（千分尺测量）			

参考文献

[1] 周均,沈红.长安商用车星级维修技师培训理论教程(三星)[M].重庆:重庆大学出版社,2014.

[2] 甘守武,周湘阳.长安商用车星级维修技师培训技能教程(三星)[M].重庆:重庆大学出版社,2014.

[3] 甘守武,周湘阳.长安商用车星级维修技师培训理论教程(四星)[M].重庆:重庆大学出版社,2015.

[4] 周均,沈红.长安商用车星级维修技师培训技能教程(四星)[M].重庆:重庆大学出版社,2015.